Anne Kunze Katrin Zeug

Ab 18

Was junge Menschen wirklich machen

ROWOHLT

Die Gespräche in diesem Buch haben wir einzeln geführt, aber so intensiv besprochen, kondensiert, redigiert, dass die jeweils andere Autorin die Gesprächspartnerin, den Gesprächspartner ebenfalls gut kennengelernt hat. Wir haben die Texte nicht namentlich gekennzeichnet, weil wir sie als Gemeinschaftsarbeit begreifen. Viele Namen der Protagonisten dieses Buches haben wir geändert und bei manchen auch den Wohnort um ein paar hundert Kilometer verschoben, um sie zu schützen. Alle Gespräche sind in der nun vorliegenden Form von den Gesprächspartnern autorisiert.

1. Auflage März 2011

Lektorat Marie Helena Harder
Satz Proforma und FF Thesis Sans PostScript (InDesign) bei
Pinkuin Satz und Datentechnik, Berlin
Druck und Bindung CPI – Clausen & Bosse, Leck
Printed in Germany
ISBN 978 3 498 03557 0

MIX
Papier aus verantwortungsvollen Quellen
FSC® C083411
FSC
www.fsc.org

Das für dieses Buch verwendete FSC®-zertifizierte Papier *Munkenprint Cream* liefert Arctic Paper Munkedals, Schweden.

Inhalt

Einleitung: Eine Reise zu jungen Menschen in Deutschland

Dieses Buch erzählt Geschichten von Menschen, die heute in Deutschland erwachsen werden und zwischen 18 und 25 Jahren alt sind.

Dieses Alter ist so interessant, weil hier so viel passiert: Auf einmal ist man selbst für seine Entscheidungen verantwortlich und richtet sich immer mehr darauf aus, auf eigenen Beinen zu stehen. Für alle ist diese Zeit eine Zeit des Lernens. Davon sind ihre Tage geprägt. Einige gehen noch zur Schule, manche machen eine Ausbildung, andere studieren, warten auf das Nächste oder orientieren sich. Das war auch vor fünf, zehn oder fünfzehn Jahren in diesem Lebensabschnitt so. Das war auch bei uns so, den heute um die 30-Jährigen.

Was sich aber in den letzten Jahren verändert hat, sind die äußeren Bedingungen. Die Welt hat sich so sehr gewandelt, dass wir das Gefühl hatten, Menschen, die nur wenige Jahre jünger sind als wir selbst, treiben ganz andere Dinge um als uns damals. Der Wunsch herauszufinden, wer diese jungen Menschen sind, hat uns zu einer Erkundungsreise geführt. Und von einigen der Begegnungen, die wir dabei machten, berichten wir in diesem Buch.

Wer heute erwachsen wird, muss sich in einer Welt behaupten, in der immer weniger sicher ist. Terrorismus und die Angst davor sind medial allgegenwärtig. Das kapitalistische Wirtschaftssystem, das seit dem «Wirtschaftswunder» Orientierung versprach, geriet erneut ins Wanken. Dasselbe gilt für das Ökosystem: Klimakatastrophen wie Überschwemmungen oder Erdrutsche werden in den Medien immer präsenter. Über die Hälfte der Jugendlichen, so die Shell-Jugendstudie 2010[1], sieht den Klimawandel als Existenzbedrohung – jeder Zweite zieht daraus Konsequenzen für seinen Alltag.

Ab 1985 geboren, werden Jugendliche mit der Erfahrung erwachsen, dass selbst vermeintlich unumstößliche Ideologien zerstört werden können, dass Arbeitslosigkeit jeden treffen kann: Auf nichts scheint mehr Verlass zu sein. Eine Sicherheit, die alle umarmt, ist nirgendwo in Sicht. Eine Anleitung für das Leben gibt es nicht.

Wie gehen junge Erwachsene mit (Dauer-)Krise, Bachelor und Arbeitslosigkeit um? Wie empfinden sie ihre Wirklichkeit, die aufgesplittert wird in eine Vielzahl von Informationen, die so viele verschiedene Facetten der Welt so unterschiedlich spiegeln? Fast alle Jugendlichen haben Zugang zum Internet, die Hälfte nutzt täglich soziale Netzwerke. Im Schnitt ist jeder von ihnen pro Woche 13 Stunden lang online.

Von den 18–25-Jährigen, die in die lange Kohl-Ära hineingeboren wurden, dann Gerhard Schröder und schließlich Angela Merkel als Bundeskanzler erlebt haben, hält sich weniger als die Hälfte für politisch interessiert. Ein Wert, der laut Shell-Studie in den letzten vier Jahren noch weiter gesunken ist. Nur 17 % können sich heute überhaupt vorstellen, in Parteien oder politischen Gruppierungen mitzuarbeiten, weibliche Jugendliche noch seltener als männliche – auch wegen der nach wie vor bestehenden Barrieren für Mädchen und Frauen in der männlich dominierten Politik. Neben der Politikverdrossenheit wächst der Vertrauensverlust gegenüber der Wirtschaft. Bei jungen Menschen aus so-

[1] Mathias Albert, Klaus Hurrelmann, Gudrun Quenzel: 16. Shell-Jugendstudie. Jugend 2010. Frankfurt/Main 2010

zial schwachen Haushalten nimmt die Zuversicht in eine gute Zukunft stetig ab. Dabei wird die Kluft zwischen den Milieus immer größer.

Wirklich glücklich, das glauben 76 % der jungen Erwachsenen, werden sie nicht nur durch einen Job, sondern vor allem mit einer Familie. Der Wunsch nach Kindern wächst. Und fast drei Viertel möchten die eigenen Kinder genauso erziehen, wie sie selbst erzogen wurden. Mehr als 90 % geben laut Jugendstudie an, ein gutes Verhältnis zu ihren Eltern zu haben.

Wie sieht aber all das konkret aus? Wie zeigen sich diese Zahlen im Alltag?

Wir haben uns in den vergangenen Monaten mit einigen jungen Menschen lange und oft unterhalten und sie nach ihren Tagesabläufen, nach ihren Plänen und Wertvorstellungen befragt. Dafür haben wir sie überall in Deutschland – in Eisenhüttenstadt, an entlegenen Orten in Norddeutschland, im tiefsten Allgäu, in Berlin – ein Stück weit in ihrem Alltag begleitet. Viele unserer Gesprächspartner haben wir in ihrem Zuhause besucht: in der Wohngemeinschaft, im Mädchenwohnheim, in der Kaserne. Wir waren bei der Probe einer Punkband, mit einem Fotografen in seiner Ausstellung, mit einer Studierendengruppe in der Gedenkstätte Buchenwald oder beim Fastenbrechen der islamischen Jugend in Berlin. Dabei haben uns besonders Details interessiert: Wann verbringt ein verheiratetes Paar Zeit miteinander, wenn einer nur Nachtschicht arbeitet? Welchen Prüfungen müssen sich angehende Piloten beim Auswahlverfahren stellen? Wie viele Stunden Ausgang hat ein junger Mann in Untersuchungshaft?

Jedes Leben, so unbedeutend es erscheinen mag, so unberührt es von öffentlicher Aufmerksamkeit bleibt, ist, so finden wir, erzählenswert. Dabei gehen das Banale und das Besondere Hand in Hand, und wir sind der Meinung, dass man in den hier aufgezeichneten Porträts beides entdecken kann: das Besondere im Banalen und das Banale im Besonderen. Die Geschichten in diesem Buch stehen nur für sich selbst, sie sind keine Fallstudien und keine Exempel. Sie addieren sich nicht zu einem Gesellschaftspanorama – und auch nicht zu einem Generationenporträt. Dennoch stecken in diesen Geschichten Momente, die etwas darüber verraten, wie es ist, heute in Deutschland erwachsen zu werden.

In den entstandenen Texten kommen Themen zur Sprache, die spezifisch für die heutige Zeit sind, Facebook zum Beispiel, der Bachelor, die Emo-Szene und Computerspiele. Dann gibt es Themen, die charakteristisch für das Alter von 18 bis 25 sind, etwa das Finden eines eigenen Berufes, einer Beschäftigung, und die Loslösung von den Eltern: Die Werte, die man von zu Hause mitbekommen hat, werden überprüft und gegebenenfalls überholt. Es findet eine Auseinandersetzung mit gesellschaftlichen Ansprüchen und Aufgaben statt.

In dieser Lebensphase, in der die Pubertät mit ihren geistigen Höhenflügen gerade vorüber ist, gilt es, sich immer weiter aus dem geborgenen Nest hinaus in ein eigenes, selbständiges Leben zu bewegen. Es gilt, die Größenphantastereien in der Realität – dem ersten Job, der ersten eigenen Wohnung, ersten ernsthaften Beziehungen – zu erproben. Manche scheitern zum ersten Mal und müssen sich damit abfinden, dass sich das, was sie sich erträumt haben, nicht unbedingt genau so umsetzen lässt.

Schließlich werden Themen berührt, die zeit- und altersunabhängig sind, etwa Religiosität, Moral- und Wertvorstellungen.

Wenn in der Zeitung etwas zur Jugend von heute steht, sind dabei meist die Kinder der Mittelschicht gemeint. Dies ist freilich auch unser eigenes Umfeld. Es war uns jedoch wichtig, ebenso mit jungen Frauen und Männern zu sprechen, die aus anderen sozialen Schichten stammen. Natürlich gibt es dabei Milieus und

Themen, die sich uns entzogen haben, zu denen wir mit unserer Herangehensweise nicht vorgedrungen sind. Weil sie sich zu sehr von unseren eigenen Erfahrungen unterscheiden, wir von einzelnen Umständen schlicht nichts wissen, oder weil wir den Gesprächspartnern zugestanden, uns daran vorbei zu lenken. Wir haben vor allem Menschen gesucht, die uns aufgrund ihrer Tätigkeit oder ihrer besonderen Situation interessierten, weil sie in jungen Jahren ein Kind erziehen, ein Praktikum in der Konzentrationslager-Gedenkstätte machen oder sich mit der Agentur für Arbeit auseinandersetzen müssen. Wir haben auch Menschen befragt, denen wir eher zufällig begegnet sind – etwa im Türkischkurs, bei einer Filmvorführung oder an der Universität –, und wir haben auch mit Freunden von Freunden gesprochen.

«Aber wie erklären, ohne ‹aufzuspießen›, ohne gleichsam Steckbriefe zu entwerfen?», fragt der Ethnologe Pierre Bourdieu in der Einleitung seines Buches *Das Elend der Welt*[2]. Wir haben keine Fallgeschichten gesucht, sondern die Persönlichkeit eines jeden Gesprächspartners. Dabei haben wir auch Privates aus unserem Leben erzählt, und Spuren davon finden sich in den Texten. Wir haben alle, mit denen wir sprachen, geduzt, und alle haben uns zurückgeduzt – bis auf einen Soldaten in Dresden.

Wir wollten die Geschichten nicht als Bestätigung für Meinungen sehen, die wir ohnehin schon hatten. Etiketten mögen wir nicht. Uns nennt man die «Generation Praktikum», die, die nach uns kommen, heißen «Generation Pragmatisch», «Bachelor», «Sofort», «Krise». Wir wollten uns stattdessen überraschen lassen von unseren Gesprächspartnern, deren Alltagserzählungen immer komplexer, länger und sperriger waren als pauschale The-

[2] Pierre Bourdieu et al.: Das Elend der Welt. Zeugnisse und Diagnosen alltäglichen Leidens an der Gesellschaft. Konstanz 1997

sen: Die Schilderung der hingebungsvollen Aufzucht von Gottesanbeterinnen, die detaillierte Beschreibung aus dem Alltag einer Jurastudentin, die versucht, zwischen Uni und Fitnesscenter ihren Pflichtgebeten nachzukommen, oder die radikale Auseinandersetzung einer jungen Frau mit der eigenen Geschlechtlichkeit.

Familie spielt für die meisten, mit denen wir uns unterhalten haben, tatsächlich eine herausragende Rolle: Sie telefonieren täglich mit ihren Eltern, achten bei Entscheidungen auf deren Rat und können sich vorstellen, selbst bald Kinder zu bekommen. Viele junge Erwachsene sind offenbar nicht mehr bereit, alles der Karriere zu opfern – schon gar nicht das Gründen einer eigenen Familie. Diese stellen sich die meisten ganz klassisch vor: mit beiden biologischen Eltern, zwei Kindern und Eigenheim – auch wenn der Großteil von ihnen selbst nicht in einer solchen Familie aufgewachsen ist. Sie haben Halbgeschwister, die in anderen Haushalten leben, oder verbrachten ihre Kindheit mit nur einem Elternteil.

Aber es gab auch andere: Eine junge Frau, die mit ihrem dreijährigen Sohn in einer Großfamilie in Oberbayern lebt, wollte gar nicht erst über das Thema «eigene Familie» sprechen, und eine Schülerin distanzierte sich stark von den 90 Prozent, die nach Shell-Studie ihre Eltern verehren: Sie zog mit 16 von zu Hause aus und hat keinen Kontakt mehr zu ihrer Mutter.

Auch engagieren sich wirklich viele nicht politisch. Das heißt aber noch lange nicht, dass sie desinteressiert sind oder nicht Bescheid wissen – eine Gesprächspartnerin erklärte es eher als ein Verlorensein angesichts der Informationsfülle: «Ich kaufe gerade sehr viele Bioprodukte, aber dann sehe ich eine Reportage im Fernsehen, und da zeigen sie, dass eine Bio-Firma den Regenwald abholzt, um da Ölpalmen zu pflanzen, und dann weiß ich wieder nicht, was richtig ist.»

Nie war eine Generation so kompetent im Umgang mit Medien. Es scheint, als wüssten sie so sehr um die Komplexität der Welt, dass viele bei den ganz kleinen Zusammenhängen im engsten Umfeld bleiben.

Dennoch haben wir auch junge Menschen getroffen, die Mitglied in einer Partei sind, die über Feminismus diskutieren oder bereit sind, mit körperlichem Einsatz für ihre politischen Ansichten zu kämpfen.

Besonders staunen wir über die oft sehr klaren Strategien, mit denen junge Erwachsene ihren Alltag lenken, ihren Lebenslauf entwerfen und Zukunftspläne schmieden, teilweise mit großem Willen zur Selbstdisziplinierung, mit strengen Stundenplänen und genau getakteten Rhythmen und Ritualen.

Menschen, die heute in Deutschland erwachsen werden, das haben wir auf unserer Reise in den vergangenen Monaten gelernt, haben Instrumente entwickelt, mit der Unsicherheit umzugehen. Sie haben sich in der vermeintlichen Krise eingerichtet. Wir könnten es treffender nicht sagen als eine unserer Gesprächspartnerinnen: «Wir wissen in unserer Generation: Der Zeitpunkt, zu dem wir uns sicher fühlen, wird niemals kommen. Deswegen wollen wir flexibel sein, in jedem Moment unseres Lebens Glück finden und suchen, genießen und glücklich sein. Man kann das nicht hinausschieben. Vielleicht kann man aber versuchen, mit weniger auszukommen.»

Anne Kunze und Katrin Zeug
Berlin, Januar 2011

«Sie brauchen Wärme und Licht»

Richard
18
Schüler
Kassel

Richard lebt mit seinem Zwillingsbruder bei seinen Eltern. Der ältere Bruder hat das Haus bereits verlassen, die ältere Halbschwester ist bei ihrer Mutter groß geworden. Er unterbricht sein Sprechen manchmal, um nach dem richtigen Wort zu suchen.

Tagesprotokolle Mittwoch, 28. 07.	
08.09	Als ich aufwache, rauscht es in meinem Kopf, und ich möchte eigentlich weiterschlafen, kann aber nicht. Komisch, dass ich nicht ausschlafen kann, manchmal wache ich auch mitten in der Nacht auf und bleibe dann ein paar Stunden wach.
17.05	Ich komme mit der Bahn vom Einkaufen aus der Stadt zurück. Ich bemerke, dass die meisten Menschen ein wenig unzufrieden wirken. Außerdem regnet es. Als ich aussteige, treffe ich Anton. Es geht ihm gut. Seine gute Laune steckt mich an und erhellt diesen düsteren, langweiligen Tag. Erstaunlich, wie stark mich die Menschen in meiner Umgebung beeinflussen.
Freitag, 13. 08.	
04.50	Ich bin aus einem Traum erwacht, nicht müde und höre Musik, anstatt weiterzuschlafen.
05.05	Der Akku des iPods ist leer, ich höre eine CD.
05.15	Ich schalte die Musik aus und genieße die Ruhe. Auch wenn ich Musik über alles liebe, ist es fast genauso schön, wenn ich mich manchmal hinlege, die Augen schließe und es einfach still ist, das mach ich auch oft nach geistiger oder körperlicher Anstrengung.

05.43	Ich frühstücke. Ich schaue morgens immer in den Spiegel, ob meine Haare schön stehen. Da sie heute schön sind, dusche ich nicht.
06.42	Ich beobachte eine Gottesanbeterin, die sich nachts gehäutet hat und jetzt aushärten möchte. Sie ist ausgewachsen und hat Flügel. Wenn schönes Wetter ist, werde ich sie ausgiebig fotografieren.
06.45	Ich sehe mir nochmal die Erdkundehausaufgabe an, ich mache das nur, weil ich so viel Zeit habe, eigentlich ist es unnötig.
07.15	Musik hören
07.40	Ich gehe zur Schule. Ich treffe auf dem Weg eine junge Frau, ca. 15–20 Jahre alt. Ich finde es sehr schwer, das Alter genau zu schätzen, wahrscheinlich ist sie 16. Wir sehen uns des Öfteren, sie kommt mir auf meinem Weg immer entgegen. Wir sehen uns neugierig an, gesprochen haben wir aber noch nie. Sie ist 1,80 groß, blond, blauäugig und sehr hübsch.
14.28	Ich komme aus der Schule und esse. Der Tag war gut, der Unterrichtsstoff ist mir sehr leichtgefallen, und ich habe mich oft beteiligt, das Wetter war schön.
15.13	Gitarre spielen
16.00	Ich lege mich aufs Bett und döse. Eigentlich würde ich lieber ein wenig Zeit am PC verbringen, aber er ist ziemlich kaputt.
16.34	Der iPod ist aufgeladen, ich kann also wieder Musik hören.
17.55	Essen
18.45	Mein älterer Bruder ist zu Besuch und beobachtet mich dabei, wie ich mich um meine Tierchen kümmere, wir unterhalten uns.
19.00	Aus vollkommener Langeweile sehe ich mir einen Film an, der mich eigentlich gar nicht interessiert, und lege mich dann, noch bevor er zu Ende ist, ins Bett.

Um glücklich zu sein, muss ich gar keinen bestimmten Beruf ausüben, und es heißt auch nicht, dass ich eine Menge Geld haben muss. Wichtig ist, dass meine Familie da ist. Ich unternehme gerne was mit ihnen. Sie geben mir halt ein wohles Gefühl, wenn ich mit ihnen zusammen bin.

Ich habe kleine Cousins, vier bis neun Jahre alt, mit denen ich gerne spiele. Teilweise erkenne ich mich selbst in ihnen wieder oder erinnere mich an meine Kindheit, das ist sehr schön und wichtig für mich. Ich mag an Kindern, dass sie noch über ganz andere Dinge reden und noch nicht so nachdenklich sind. Als ich mal mit meiner damals sechsjährigen Cousine gespielt habe und mir dabei etwas überlegt habe, fragte sie mich: «Warum starrst du so? Das macht mein Vater auch ständig, dieses Löcher-in-die-Luft-starren.» Sie dagegen hat sich um nichts einen Kopf gemacht. Und das ist ja das Wichtige an der Kindheit.

Als ich klein war, habe ich einfach gemacht, worauf ich Lust hatte, jetzt denke ich viel mehr über Sachen nach. Das kommt vielleicht durch die ganzen Erfahrungen, die man so erntet. Angst habe ich eigentlich nicht vor irgendwas, aber so ein paar Sorgen: Wie wird mein Abi, werde ich das schaffen? Um einen guten NC geht es mir gar nicht so ... Und, wird mir rechtzeitig ein guter Studiengang einfallen?

Meine Eltern sagen ganz klar: Mach, was du willst, lass dir Zeit. Unter Druck setzen sie mich gar nicht. Sie sagen auch, dass ich erst mal eine Ausbildung machen kann. Ich überlege auch, ob ich das vielleicht mache. Sie würden es gerne wissen, ist ja logisch, und fragen öfters: «Richard, hast du schon eine Idee?» Das fragen aber eher meine Großmutter und Leute, die ich nicht so oft sehe. Aber ich habe keine Ahnung. Noch nicht richtig. Ich könnte mir zum Beispiel vorstellen, Therapeut zu werden.

Eigene Familie

Ich überlege manchmal, ob ich viele Kinder haben werde, wie die wohl aussehen werden und ob die so glücklich sein werden, wie ich mich als Kind gefühlt habe. Ich habe nie irgendwas Schlimmes erleben müssen. Ich komme aus einer Mittelschichtsfamilie, normal, gutbehütet. Wie werde ich wohl einmal meinen Lebensunterhalt verdienen? Und werde ich meine Kinder gut ernähren können? Ich hätte gern vier, und eine Frau, natürlich, das ist ja klar. Und irgendwie fände ich es schön, viel Zeit mit denen zu verbringen. Ich denke mir, wenn ich so alt bin wie meine Eltern jetzt, werde ich meine Familie nicht so in Saus und Braus leben lassen, wie sie das machen, sondern eher ein bisschen sparsamer sein und dafür vielleicht ein bisschen mehr Freizeit haben.

Ich habe keine Freundin, aber eine Geliebte. Ich habe ein schönes Gefühl, wenn ich sie sehe. Ich kann mir gut vorstellen, später mit ihr zusammen zu sein. Aber irgendwie ist es auch schmerzhaft, weil ich das nicht so hinkriege mit einer Beziehung, wie ich es gerne würde. Das Problem ist, dass wir nicht so viel Kontakt haben. Deshalb fällt es mir schwer, sie zu fragen, ob sie Lust hätte, mal was mit mir zu unternehmen. Weil ich zu schüchtern bin und das irgendwie gar nicht kann.

Ich denke schon, dass sie mich gerne mag, weil sie mich so anguckt. Aber sie ist auch sehr schüchtern. Es fällt mir so schwer, ihr aus dem Nichts heraus zu sagen: «Möchtest du nicht mal ...?» Dabei ist das Problem nicht, dass ich mich nicht traue, sie das zu fragen. Sondern ich habe Angst, dass es ihr unangenehm ist, weil sie in meinen Jahrgang geht. Sie könnte das jemandem erzählen, und vielleicht wird dann schlecht darüber geredet.

Aber wenn ich mir vorstelle, wirklich mit einer Frau zusammen zu sein, fände ich zuallererst wichtig, dass sich mein Leben durch sie nicht komplett verändert. Dass sie mich nicht komplett beansprucht, sondern dass mein Leben so weiterläuft und wir einfach ab und zu was Schönes zusammen unternehmen. Einer aus meinem Jahrgang beklagt sich immer, dass seine Freundin ihm so oft sagt: «Unternimm doch mal was mit mir, liebst du mich nicht?» Mir wäre es wichtig, dass sie mir genug Freiraum und Zeit lässt. Und dass wir beide gleich viel Bedürfnis nach dem anderen Menschen haben. Denn es könnte ja sein, dass sie mich vielleicht öfter sehen will, dass sie mir die Zeit raubt und mich ständig sehen will. Auch wenn ich sie liebe, geht das ja nicht. Ich hatte ja noch nie eine Beziehung, und ich weiß nicht, wie ich damit umgehen würde.

Freie Zeit

Vor zwei Monaten habe ich angefangen, Gitarre zu spielen. Es ist meine neue Leidenschaft, die Melodie, die in meinem Kopf ist, spielen zu können. Manchmal hab ich das Bedürfnis, was ganz Schnelles zu spielen, manchmal was ganz Ruhiges, Leises. Wenn ich Musik höre, fange ich bei manchen Liedern sehr heftig an zu tanzen, meistens, wenn ich alleine bin und mich niemand sieht. Der Rhythmus erfasst dann jede Zelle meines Körpers.

Ich habe oft das Bedürfnis, geistige Anstrengung mit Sport auszugleichen. Zum Beispiel, wenn ich neun Stunden Schule gehabt habe. Nach sieben Stunden fangen die Beine an zu zittern, und ich kann mich nicht mehr richtig konzentrieren, und dann ist es nachmittags schön, zu laufen oder schwimmen zu gehen. Wenn ich wiederkomme, bin ich ganz ruhig und entspannt.

Ich achte beim Schwimmen vor allem darauf, dass die Bewegung gut ist. Am Anfang sehe ich das Wasser und fühle, wie ich da durchgleite. Ich merke, ob ich gut vorwärtskomme und ob mir die Anstrengung guttut. Meistens schwimme ich aber 60 Bahnen. Und irgendwann kommen dann halt Gedanken. Manchmal ganz abwegige Dinge, Erinnerungen, wie jemand was zu mir gesagt hat, oder Gesten von Leuten.

Ich mache das auch, weil ich schön schlank sein und gut in Form bleiben will, der wichtigste Grund, aus dem ich schwimme, ist aber einfach, dass ich die monotone Bewegung genieße. In der Schule sind sehr viele Geräusche, um mich rum reden alle die ganze Zeit, ich muss komische Matheformeln lernen und anwenden – was ich überhaupt nicht gut kann – und muss mich sehr stark konzentrieren. Und danach fahre ich ins Schwimmbad und mache eine Stunde immer nur diese Bewegung. Ich mache Brustschwimmen und Kraulen. Das beruhigt mich unglaublich.

Gottesanbeterinnen

Mit elf habe ich zum ersten Mal eine Gottesanbeterin gesehen, im Urlaub in Bulgarien. Später, als ich 15 war, habe ich im Internet gegoogelt und eine Seite gefunden, auf der verschiedene Arten beschrieben wurden. Ich habe bei den Webmastern der Seite zwei Tiere gekauft und sie großgezogen. Sie brauchen Wärme und Licht. Und sie fressen Fruchtfliegen. Eine Gottesanbeterin lebt ungefähr ein Jahr. Ganz toll ist die Färbung. Man kann die Einrichtung im Terrarium so machen, wie man möchte, und dann färben sich die Tiere danach. Das sieht echt schön aus.

Männchen und Weibchen muss man getrennt unterbringen, damit sie sich nicht beißen. Es stimmt nicht, dass das Weibchen das Männchen sofort nach dem Sex frisst. Die Tiere werden nur zu Kannibalen, wenn sie Hunger haben. Das ist mir bislang gelungen zu verhindern. Das Männchen ist immer kleiner als das Weibchen, es springt auf das Weibchen drauf. Das Beste, was man tun kann, ist, dem Weibchen was zu fressen zu geben bei der Paarung, dann ist es abgelenkt. Bei meiner zweiten Aufzucht war ich während der Paarung nicht da, als ich wiederkam, wurde das Männchen gerade gefressen. Die Hälfte war schon weg. Auf dem Boden habe ich noch die Spermahülle gefunden. Daher wusste ich, dass das Weibchen das Männchen erst nach der Paarung gefressen hat.

Ehrgeiz

Andere in meiner Klasse reden oft darüber, dass sie zu Hause so viel arbeiten ... Einer aus meiner Klasse möchte Arzt werden und sagt, dass er sehr viel lernt. Das stresst mich jetzt nicht richtig, aber ich frage mich schon manchmal: Machst du genug? In dem Moment orientiere ich mich an dem anderen Menschen. Dass ich mich frage, ist das richtig, was er macht? Ist das okay, so viel zu machen? Ist er der Maßstab? Dann denke ich: Gut, 'ne halbe Stunde reicht auch. Ich bin nicht so ehrgeizig in dieser Hinsicht. An anderen Tagen stresst es mich, dass ich denke, das reicht nicht, jetzt musst du noch was machen, um mitzuhalten.

Geld

«Also ich wohne und esse gratis, alles darüber hinaus muss ich von meinem Taschengeld bezahlen: Klassenfahrten, Kleidung usw. Ich bekomme 150 Euro im Monat, das reicht. Etwas spare ich auch. Und ich habe eigentlich immer Geld. Früher habe ich 20 Euro im Monat bekommen, und dafür wurde mir alles bezahlt. Jetzt stehe ich deutlich besser da.»

«Ich weiß jetzt, dass ich des ganz alleine schaffen kann»

Carolin

18

München

wohnt in einem Mädchenwohnheim der Caritas und besucht den Wirtschaftszweig einer Fachoberschule

Carolins Wohnheim liegt gleich am Münchner Stachus. Carolin ist hier eingezogen, als sie vor kurzem ein betreutes Wohnprojekt verlassen konnte, in dem sie mit anderen fettleibigen, magersüchtigen und bulimischen Menschen zusammengelebt hat. In 15 Monaten hatte sie dort 40 Kilo abgenommen. Carolins Zimmer erreicht man über einen langen, kahlen Flur. Es ist 14 Quadratmeter groß, darin Standard-Wohnheim-Möbel. An die Wände hat sie Spongebob-Bildchen gehängt, in die Regale Nagellacke und Fotoalben gestellt, an der Tür hängt ein Dirndl, das sie selbst genäht hat – nach dem Gespräch will Carolin mit einer Freundin aufs Oktoberfest gehen. Sie spricht sehr schnell, intoniert bayrisch, manchmal überschlägt sich ihre Stimme, sie lacht viel und sagt nach fast jedem Satz «oder so» oder «und so».

Ich bin in das Wohnheim gezogen, weil ich nicht alleine sein wollte. Ich weiß ganz genau, wenn ich alleine in einer Wohnung bin *(sie wird leiser)*, das geht sich wieder so aus, dass ich nur vorm Fernseher hock und mit niemandem was tu. Das ist wie eine Falle, ich könnte mich vom Leben abschotten wie früher: nur essen, fernschauen, in meiner eigenen Welt leben.

Hier wohnen knapp 140 Mädchen, immer 12 oder 14 auf einem Gang, die sich eine Küche, zwei Duschen und die Toiletten teilen. Unter Mädchen ist es für mich sicherer. Ich bin immer noch übergewichtig, und man weiß ja nie. Beleidigungen und so was kommen schon öfter von Typen. Frauen mustern einen eher.

Nebenjob

Neben der Schule arbeite ich noch mit behinderten Kindern, da verdiene ich ein bisschen was, 8 Euro die Stunde. Diesen Monat muss ich etwa 50 Stunden arbeiten, aber ich werd sagen, dass ich einen Tag unter der Woche frei haben möcht. Wenn ich nach der Schule sofort arbeiten geh, komm ich nie vor acht Uhr abends heim. Dann muss ich noch Abend essen, duschen und lernen, ich mach ja in einem halben Jahr mein Abi, das ist schon stressig.

Tagesablauf
06.00 aufstehen und fertig machen für die Schule
06.45 frühstücken
07.00 aus dem Haus gehen, zu Fuß zum Sendlinger Tor,
5 Minuten, zwei Stationen zur Schule; Unterricht u.a.
in Volkswirtschaftslehre, Technologie, Sozialkunde, BwR
(Betriebswirtschaftslehre/Rechnungswesen) und Mathe
14.00 zu Hause schnell was kochen und essen dann
arbeiten, je nach Familie:
1. *Familie:* 15 Uhr los (40 Minuten Fahrt)
2. *Familie:* 16.50 Uhr los (5 Minuten Fahrt)
20.00 zu Hause

Was machst du in den Familien?
In den Familien mache ich Freizeitgestaltung mit Kindern mit Behinderung. Die eine, Lisa, ist 8, sitzt im Rollstuhl und hat Autismus, Epilepsie, sie kann eigentlich gar nicht kommunizieren mit einem. Aber die ist trotzdem so süß! *(lacht)* Mit der geh ich meist raus, in den Ferien war ich mit ihr im Zoo und bin mit ihr auf den Olympiaturm gefahren. In der anderen Familie sind der Jason, der ist 7, und seine zwei Geschwister. Mit dem Jason bin ich mal in die Volkssternwarte gegangen, da haben wir uns über die Sterne und Planeten informiert, oder wir sind zum Flughafen. Der Jason ist auch Autist und oft in seiner eigenen Welt. Die Mutter sagt immer, die Kinder sind bei mir ganz ruhig, ich bring die runter, die flippen nicht aus. Ich weiß nicht, woher das kommt, ich streng mich nicht mal an.

Berufsziel

Ich möchte gern mal Veranstaltungskauffrau werden. In der Schule mache ich Wirtschaft, und privat mach ich sozial, dann kann ich beides verbinden. Nach dem Fachabi will ich zwei Jahre als Au-pair nach Amerika. Ich wollte schon immer dahin. Mit zwölf hab ich auswendig gelernt, wie viel ein Flug kostet und was es da alles gibt. Amerika! The American Way of Life! *(sie spricht das sehr amerikanisch aus)* Des reizt mich. Wie die leben, wie es da aussieht. Die schönen Blockhäuser in Florida oder die großen Städte, New York ... Alle Bands, die ich höre, kommen aus Amerika, und wenn ich lese, lese ich nur englische Bücher. Mit 400 Seiten bin ich in einer Woche durch.

Wie ich da leben würde, war mir völlig egal. Ich wollt einfach nur dastehen und sagen: «Ich bin hier in Amerika!» Vielleicht auch, weil es so weit und unerreichbar war. Wenn ich da am Flughafen einfliegen würde und da rausgehe aus dem Flieger, ich würd erst mal zu heulen anfangen vor Glück. Weil ich dann denk: Oh my god ich steh in Amerika! In den USA *(ebenfalls amerikanisch ausgesprochen)*, oh my god! Das muss ich erst mal begreifen: dass ich's mir jetzt einfach erfüllen kann. Weil ich selbständig bin und für meine Träume arbeiten kann. Mit meinem Job bei den Kindern verdiene ich das Geld für den Flug, und ich glaub, dass ich da dann auch gute Referenzen hab. Träume kann man erfüllen, man darf nur nicht immer nur hinterherträumen, man muss sich 'nen Arschtritt geben und des machen. Ich weiß jetzt, dass ich des ganz alleine schaffen kann.

Kannst du ein bisschen von deiner Kindheit erzählen?
Meine Mutter war Hausfrau, aber sie war selten zu Hause. Fünf Stunden am Tag war sie im Fitnessstudio. Mit meinen Brüdern hab ich nicht so viel zu tun gehabt, der eine ist zwölf Jahre älter, der andere 16 Jahre; meine Schwester ist sechs Jahre älter, mit ihr hab ich viel gestritten. Als ich in die Schule gekommen bin, kam mein Vater nur noch am Wochenende, weil er in Frankfurt auf Montage gearbeitet hat, in irgendeiner Müllverbrennungsanlage, als Schlosser. Wenn ich böse war, is meine Mutter mit dem Kochlöffel gekommen und hat mich in die Ecke geprügelt ... Sie hat sich so aufgeregt, dass ihr dabei die Adern geplatzt sind am Arm, daran kann ich mich noch erinnern.

Ab der zweiten Klasse bin ich selbständig aufgestanden. Wenn ich mit dem Schulbus heimkam, war ich allein daheim. Ich hab alleine gekocht und stundenlang ferngeschaut und gegessen. Ich kann mich nur an ein einziges Mal erinnern, wo meine Mutter mit mir rausgegangen ist, mit dem Hund. Wir sind durch den Wald, und sie hat mir einen Kaugummi angeboten, des weiß ich noch. Viele Freunde hatte ich nie, ich bin dick, seit ich denken kann. In der Schule wurde ich sehr stark gemobbt. Da wurde mir auch mal ein Zahn ausgeschlagen und die Nase gebrochen. Einmal ist einer, als ich mit dem Bus nach Hause gefahren bin, hergekommen und hat mir eine Stecknadel in den Bauch gesteckt, um zu sehen, ob der platzt.

Meine Mutter hat mich damals zum Psychiater geschickt, weil ich, wie sie sagt, die Familie tyrannisiert hab. Ich hab ja so viel gebrüllt und mich mit meiner Schwester geprügelt. Der hat festgestellt, dass ich ADHS (Aufmerksamkeitsdefizit-/Hyperaktivitätssyndrom) hab. Ab da hab ich Tabletten bekommen. Immer, wenn ich mich aufgeregt hab, kam der Spruch: Hast du deine Tabletten etwa nicht genommen?

Mein Vater hat zu der Zeit in Frankfurt schon eine andere Frau gehabt. Ich hab immer weiter zugenommen. In drei Jahren ungefähr 40 Kilo. Meine Mutter war mit mir beim Jugendamt, und ich bekam eine Sozialpädagogin für zu Hause. Die hat viel mit mir gemacht, so Brettspiele, das mochte ich voll gern. Ab und zu sind wir rausgegangen.

Wann warst du das letzte Mal im Haus deiner Mutter?
Vor einem Monat, als sie nicht da war. Es stinkt schon, wenn man vor dem Haus steht. Es ist mittlerweile total versifft, überall riecht man Tierfäkalien. Sie hat über zehn Frettchen, zwei Hunde, vier Katzen. Ich hatte früher noch eine Vogelspinne und zwei Ratten.

Sie sucht ein Foto, auf dem man sie, wie sie sagt, komplett sehen könnte, mit Höchstgewicht und im Haus der Mutter sitzend, zwischen all dem Müll. Sie sagt, sie stecke das Bild immer «irgendwohin, damit es nicht jeder gleich sieht». Nun sucht sie im ganzen Zimmer und weiß nicht mehr, wo es ist.

Meinen 14. Geburtstag hab ich in der Abnehm-Kur gefeiert und in acht Wochen 13 Kilo abgenommen. Zu Hause hab ich wieder nur in meinem Zimmer ferngeschaut, Playstation oder am Computer gespielt. Vier Stunden am Stück, dann eine kleine Pause und wieder vier Stunden am Stück.

Schon in der Früh hab ich zwei Toastscheiben mit Ketchup und einem Wienerle dazwischen gegessen, fast wie ein Hotdog. Ich habe nur gegessen, was ich wollte, meistens warm: Fastfood, Fertigburger, Pizza. Es war, als ob Essen die Probleme lösen könnte.

Die einzige Bewegung am Tag war, zur Schule zu gehen. Ich musste zur Bushaltestelle 500 Meter laufen. Des war für mich schon anstrengend. In der Schule hab ich meist nichts gegessen, weil ich vor anderen Leuten nichts essen wollte. Jeder kannte mich als die «fette Sau», und sie haben mir nachgerufen: «Deutsche Panzer rollen wieder.» Des war für mich Alltag: wenn ich rausgehe, werde ich beleidigt. Dann bekam ich ein Klassenfoto, und plötzlich sah ich mich: einen fetten Klops in der Mitte. Ich habe mir mich immer dünner vorgestellt, nur auf Fotos habe ich es gesehen. Aber ich dachte: Das zu ändern, ist eh schon zu spät.

Ich wäre lieber untergewichtig gewesen, auch wenn es genauso ungesund ist, aber das ist leichter in der Gesellschaft. Innerhalb von zwei Jahren hab ich wieder 30 Kilo zugenommen.

Dann hab ich neue Freunde gefunden, übers Internet, in der Musik-Community «Emopunk». Eine wurde dann meine beste Freundin. Wir haben immer nur gelacht, und oft sind wir in die Stadt, nach Regensburg, gefahren. Vom Aussehen her sieht man schon von weitem: Ah, der hört dieselbe Musik, dann redet man und wird Freunde, so war das. Ohne Musik wär ich tot. Hardrock ist für mich Kuschelmusik. Ich höre Hardcore, Grindcore, das ist sehr hart, mehr gegrölt und gegrunzt, Metalcore, Screemo, schöner melodischer Hintergrund, oft geshouted, Growling, Screaming, ab und zu auch Clean Vocals, zum Beispiel bei «The Devil Wears Prada», meiner Lieblingsband, das ist christlicher Metalcore. Ich bin nicht christlich, aber es geht um Gott, Egoismus, Narzismus. Ich analysiere gerne Songtexte: *I don't feel guilty cause we all make mistakes*, das bringt was fürs Leben. Es geht um die Menschen.

Bei uns in der Emo-Szene war es normal, dass alle bi oder schwul oder lesbisch sind. So, wie ich es erfahren habe, war es vielen egal, in welchem Körper sie drinstecken. Wenn man jemanden liebt, liebt man, fertig aus, egal, ob man jetzt Junge, Mädchen oder was anderes ist. Ich hatte fünf Piercings in der Fresse, bunte Haare bis zum Gehtnichtmehr und war voll aufgedreht. Ich war immer die, die rumgerannt ist: «Lalala, ich sing euch was, weil's mir gutgeht!» In dem Moment ging's mir auch gut, aber wenn man das psychologisch betrachtet, hab ich, glaub ich, nur überspielt, dass es mir scheiße ging.

Sie zeigt nun andere Fotos: Im Kindergarten sitzen vier Kinder in einem Indianerzelt, Carolin hockt davor, mit Katzenschnurrhaaren über Nase und Backen gemalt, zusammengekauert und doch größer als alle anderen. Auf den Fotos, die dann folgen, ist ihr Körper nicht mehr zu sehen, nur das Gesicht. Es hat dicke Wangen, umringt von glattem strähnigem Haar. Später beginnt sie, ihre Augen schwarz zu umranden, das Haar bekommt grüne und pinke Strähnen. Irgendwann ist es vollständig regenbogenfarben, Mund und Nase sind von Piercings durchstochen, die Lippen auf allen Fotos zu einem Schmoll- oder Kussmund geformt, schwarz oder knallrot geschminkt. Ihr Blick geht immer von unten nach oben, verführerisch, mit großen Augen, die den Betrachter anschauen.

Ich war bislang nicht so der Beziehungsmensch ... Ich war schon sehr übergewichtig, da hätt keiner auf mich gestanden. Ich fand schon ein paar süß, aber des tu ich aus dem Kopf raus, weil ich weiß: Nee, die würden nie im Leben auf mich stehen. Das is nix für mich ... irgendwann anders mal. Aber ich hab schon auch Körpererfahrungen mit Männern gemacht, ich hatte mal mit dem was oder mit dem.

Wir sind mit der Clique jede Woche zum Saufen gegangen, und ich hab auch noch daheim gsuffa. Mindestens eine Wodkaflasche in der Woche, pur, und jeden Tag zwei, drei Bier, allein in meinem Zimmer, und dann noch am Wochenende bei Freunden. Als ich betrunken war, hab ich Sachen gemacht, wo ich nicht mehr wusste, was ich tue. Einmal hab ich sehr viele von meinen ADHS-Tabletten genommen. Concerta, die stehen unter dem Betäubungsmittelschutzgesetz, eigentlich hätt ich tot sein müssen mit dem vielen Alkohol. Aber irgendwie ging's nicht. Ich glaub, ... da hat mir mein Vater geholfen, dass ich nicht gestorben bin. Das hab ich vergessen zu erzählen, mein Vater ist tot, aber ich weiß, in mir drin lebt er weiter. Als ich 13 war, ist er an Krebs gestorben, das war dramatisch. Ich wusste, er war krank, dachte aber lieber: Das ist mein Vater, dem geht's schon gut in Frankfurt. Ich bin ein Vaterkind gewesen, aber ich konnt ihn nie so richtig umarmen, weil ich es nicht gekannt habe. Und wenn er gekommen ist und mich umarmt hat, dann hab ich mich unwohl gefühlt, weil ich nicht wusste, was macht er jetzt da?! Ich hätte schon gerne bei ihm gelebt, aber das ging nicht, weil ich einfach so krass drauf war als Kind.

Immer wenn ich jetzt was schaffe, dann denk ich: Ja, mein Papa ist jetzt stolz auf mich. Ich denke sehr oft an ihn: Wie es wäre, wenn er noch leben würde. Ich glaube, ich würde dann eine richtige Vater-Tochter-Beziehung aufbauen. Aber nur, weil er gestorben ist, ist er ja nicht einfach weg, irgendwo ist die Seele ja hin. Entweder lebt sie in mir weiter oder schwebt um mich rum, vielleicht gibt es auch Geister, man kann es nicht wissen.

Etwa zu der Zeit, als das mit den Tabletten war, hat meine Sozialpädagogin gesagt, es geht nicht mehr so weiter, und mir geholfen, daheim raus und in das Wohnprojekt ANAD zu kommen. Der Anfang dort war sehr, sehr schwer. Ich hatte 60 Kilo über Normalgewicht und war alkoholsüchtig. Meine Leber ist für immer angegriffen. Ich musste einen Anti-Alkohol-Vertrag unterschreiben. In den ersten Wochen gab es ein begleitetes Frühstück und Abendessen, da wird gegessen, was auf dem Plan steht. Für mich war das eine riesige Umstellung. Da musste ich zum Frühstück Apfel mit Müsli essen, zum Abendessen Brot mit Wurst. Ich hatte jahrelang keinen Apfel mehr gegessen, Müsli erst recht nicht, und Brot!, richtiges, normales Brot!, hatte ich ganz und gar noch nie gegessen. Ich hab mich auch vor vielen Lebensmitteln geekelt. Meine Mutter hat immer Streichwurst gegessen, davor habe ich immer noch Ekel. Gemüse und Obst waren auch so fremd, das wollte ich nicht essen. Und was ich nicht essen will, kommt auch nicht in meinen Mund, weil ich bin der Herr darüber. Ich war mit einer anderen die einzige Übergewichtige zwischen lauter Magersüchtigen. Was denken die, wenn ich esse?, dachte ich. Ich bin dann heimlich zur Mikrowelle, sobald keiner da war. Zwei Wochen hat es gedauert, bis ich mich an die Zeiten gewöhnen konnte, zu denen gekocht wurde. Plötzlich kam der Hunger pünktlich, dazwischen konnte ich mich zusammenreißen. Beim ersten Mal Einkaufen sollte ich Honig und Naturjoghurt holen, das hatte ich noch nie in meinem Leben eingekauft.

Ohne harte Arbeit kommt da keiner raus. Das ist alles Psyche. In der Therapie wird alles analysiert, da bin ich immer noch, und immer geht es um Gefühle. Meine Therapeutin meint, dass ich gar kein ADHS hatte. Ich war unverstanden, ich hab zu wenig Liebe bekommen, ich hab um Hilfe geschrien. Als ich zu ANAD kam, haben wir die Tabletten abgesetzt, und es ging mir viel besser, ich wurde sogar noch ruhiger. Aber was ich in den letzten Monaten geschafft habe, das ist viel mehr: Ich hab jetzt mein eigenes Leben, und ich habe eine Zukunft ...

Meine Piercings hatte ich bis vor kurzem noch. Neulich war ich mit der Schule in Holland und hab dort ein Praktikum bei Hugo Boss gemacht, Kunden beraten, Verkauf, alles. Da hab ich sie rausgenommen. Freiheit heißt, auf sich selber zu achten, zu fragen, was will ich? Wo will ich noch hin im Leben?

Früher hatte ich gar keine Disziplin und Kontrolle. Jetzt bedeutet Disziplin für mich, dass ich Ziele, die ich mir setze, auch wirklich einhalte, Schule zum Beispiel. Letztens hatte ich eine Woche, wo ich nur fernschauen wollte. Da muss ich aufpassen: «Hopp, Carolin!» *(sie klatscht in die Hände)*, sag ich dann und raff mich auf. Das ist sonst zu gefährlich für mich. Ich weiß ganz genau, was dann passiert. Ich hab mich dann nicht mehr unter Kontrolle und schotte mich ab von den anderen Menschen. Aber jetzt hab ich einen inneren Aufpasser, und ich bin so glücklich, hier in der Stadt zu sein, U-Bahn zu fahren, zu leben, auf die Wiesn zu gehn, ins Konzert ...

Essen macht mir noch immer Spaß, gibt Kraft und ist Energiezufuhr, aber es bestimmt nicht mehr mein Leben. Ich halt es kaum noch aus, einen Tag lang kein Gemüse und Obst zu essen. Ich kann sogar mit anderen Leuten essen. Manchmal überleg ich zwar noch, was die über meine Portion denken, ob sie meinen, ich sollte weniger essen. Aber ich weiß, dass ich gesund essen kann, und das ist das Wichtigste.

Du hast gesagt, du seist nicht so der Beziehungsmensch?

Eigentlich wär ich schon ein Beziehungsmensch. Aber früher ging es wegen meinem Körper nicht und weil ich psychisch nicht da war, ich war kaputt. Jetzt würde es schon gehen, ich muss sagen, ich wär 'ne super Partnerin! *(lacht)* Aber jetzt hab ich kaum Zeit. Da wart ich auf meinen Mister Right. Hoffentlich einen Amerikaner. Ich möcht auch *irgendwann* mal Kinder kriegen. Ich will sehen, wie die ausschaun *(lacht)*. Ich möchte die schon streng erziehen, aber vor allem soll mein Kind sehen, dass ich es liebe. Ich will ihm auch mal was Schönes geben, selbst wenn es nichts Besonderes gemacht hat. Ich möcht es aufwachsen sehen, am liebsten in einem Vorort von New York.

Aber erst Karriere machen, das ist wichtig. Ich hab mein Leben lang in Armut gelebt, irgendwann will ich mal keine Geldsorgen mehr haben, und ich will nie wieder von jemandem abhängig sein.

Geld
Einnahmen
Bafög: 400 Euro
Kindergeld: 184 Euro
Waisenrente: etwa 150 Euro
Ausgaben
Miete: 301 Euro
Handy (mit Internet-Flatrate): 40 Euro
Alter Handyvertrag: 10 Euro
Öffentliche Verkehrsmittel: 50 Euro
Essen: 30 Euro/Woche

«Wenn die ersten Steine geflogen sind, werden keine Lieder mehr gesungen»

Chris
19
macht im 2. Lehrjahr eine Ausbildung zum Programmierer
lebt in einem kleinen Dorf im Allgäu

Chris wohnt seit einem Jahr wieder in dem Haus, in dem er als Kind aufgewachsen ist. Als er elf war, haben sich seine Eltern getrennt, Chris zog zunächst mit seiner Mutter in den Nachbarort, sein Vater etwas später mit seiner neuen Lebensgefährtin zusammen. Als Chris 18 wurde, bot sein Vater ihm an, die obere Etage des Hauses, das im Familienbesitz ist, zu bewohnen, wenn er dafür die mit dem Haus verbundenen Aufgaben übernimmt. Nun kümmert er sich um die Angelegenheiten der Mieter der ersten Etage und sieht nach den Großeltern im Nebenhaus. Das Dorf, in dem er lebt, liegt so tief im Allgäu, dass man es ohne Auto nicht erreicht. Es gibt einen Zigarettenautomaten und ein Wirtshaus. Unten im Haus ist eine Garage für zwei Autos, darüber zwei Stockwerke. Die Außenfassade ist mit weidenden Kühen und Bergen bemalt, vom ersten Balkon wuchern Geranien, auf dem oberen, dem von Chris, steht lediglich ein Aschenbecher in Totenkopfform.

Chris hat viele Jack-Daniels-Poster in seiner Wohnung aufgehängt und leere Jack-Daniels-Flaschen als Dekoration aufgestellt. Auch Gitarren hängen an den Wänden, und Bilder von vollbusigen Frauen unter durchsichtigen Tüchern – oder ohne Tücher. Vor der Balkontür – man sieht Dorf, Wiesen, Berge und viel blauen Himmel – steht Ivan, ein mannsgroßes Skelett aus Plastik, und neben dem Esstisch ein Terrarium, in dem ein schwarzer Skorpion aus Thailand lebt.

Chris' Freundin zieht gerade bei ihm ein, «weil es auch Zeit wird, mal auszuziehen daheim». Jetzt überlegen sie und Chris einmal in der Woche, was sie an den einzelnen Tagen essen wollen, und fahren dann zum Großeinkauf. An diesem Donnerstag gibt es Schweinemedaillons mit Kroketten, Soße und Salat. Sie kocht, während er nach der Heizanlage im Keller sieht.

Nach dem Essen sitzen Chris und ich auf dem Sofa, im Hintergrund läuft leise Metal-Musik. Er spricht sehr ruhig und deutlich, im Allgäuer Dialekt. Oft macht er Pausen, um das passende Wort zu finden. Er wirkt konzentriert, immer wieder stellt er sich zwischendurch an die offene Balkontür und raucht. Wenn er von seiner Freundin erzählt, sagt er: «Meine Beziehung.» Im Hintergrund zirpen Grillen, das Lebendfutter für den Skorpion.

Ich provoziere gerne. Auch meine Freundin. Gestern Nacht, als wir aus dem «Eraser» heimkamen, sind wir in ein Streitgespräch geraten, wo sie mir vorgeworfen hat, dass ich nicht bei ihr bin und sie vernachlässige. In meiner Rage, den Streit anzutreiben, hab ich ihr gesagt, dass sie definitiv nicht das Wichtigste ist in meinem Leben. Und das ist ein Satz, den man sich verkneifen sollte, auch wenn es so ist.

Was ziehst du aus der Beziehung?

Sex. *(lacht)* Nee, Quatsch. Aber eine Beziehung ist mir kein sicherer Hafen. Ich will überall sein, und eine andere Person wäre dabei ein Faktor, der stört. Sex in einer festen Beziehung kann ohnehin nie so interessant bleiben, wie er das erste Mal war. Wenn ich die Frau schon kenne, weiß ich einfach schon, was passiert, egal, wie ich mich verstelle oder was ich ausprobiere. Deswegen ist für mich Sex in einer Beziehung nie so interessant, wie wenn ich draußen rumhure. Das hört sich jetzt vielleicht blöd an, so, wie es auch blöd klingt, dass es mir wichtig ist, mit meinen Kumpeln zu saufen. Aber das ist eine zwischenmenschliche Aktion, bei der ich mehr erreiche, als wenn ich mit einem Freund zum Sport geh. Einfach dieses hemmungslose und unüberlegte Handeln.

Neulich, zum Viehscheid zum Beispiel, da ham der Benni und der Dan bei mir geschlafen, des Festzelt ist nur 150 Meter von hier auf der Wiese. Wir ham ziemlich viel gesoffen, waren auch irgendwann ziemlich blau ... und auf dem Heimweg, ich weiß nich mehr, wie des zustande kommen ist ... Ich erinnere mich an blaue Flecken, Dan hat hier *(zeigt an die Stirn)* 'ne ziemlich gigantische Narbe am Kopf. Jeder hat mit jedem 'kämpft, im Zweikampf. Aufgehört wurde, wenn einer nicht mehr wollte, wenn er abklopft. Es ging darum, zu schauen: Was kann ich körperlich beim anderen ausrichten? Um zu wissen: Wer ist der Stärkste? Wie verhalte ich mich, wie geh ich damit um? Das ist so ein Punkt, an dem man sieht: Wie ist die Persönlichkeit? Der Dan zum Beispiel hat das komplett ausschalten können, wer ihm gegenübersteht, und ist in eine Rage kommen, in der er nimmer aufgehört hätte, egal, wie sein Gegenüber daliegt. Benni war auch so ein kleines bisschen im Blutrausch. Die Rücken sahen ziemlich übel aus, weil wir uns zum Teil auch auf der Straße hin und her geschrubbt haben. Schläge gab's nicht viele, eher Ringen, Schmerzpunkte finden. Der Körper hat ja, hier am Handgelenk zum Beispiel, überm Schlüsselbein und hinterm Ohr so Punkte, wo die volle Reizüberflutung kommt. Und das ist dann in den ersten 30 Sekunden aufm Boden geendet, und da hat man gedrückt und gewürgt und getan. Es ging nicht ums K.-o.-Schlagen, sondern darum, den Gegner dazu zu bringen, dass er aufgibt. Sich selber ausprobieren ... Dann sind wir laut lachend heimgeschunkelt.

Kämpft ihr auch gegen andere hier?

Nein. Letztens fast, als sich eine Nazi-Gruppe ins «Eraser» verirrt hat, das passiert manchmal. Die hatten Glatzen, natürlich, aber auch weiße T-Shirts mit Hakenkreuzen drauf oder Sprüchen wie: «Mein Chef ist Österreicher und Maler.» Alle sind aufgestanden und nach Hause. Und dann sind wir mit Sturmmasken und Schlagringen losgegangen und wollten uns vor der Tür oben aufstellen, um auf sie zu warten. Aber der Wirt hat sie rausgeschmissen und zu den Taxis begleiten lassen. Der wollte nicht, dass wir was machen.

Früher gab es im Dorf hier nur zwei andere Kinder in meinem Alter, wir ham auf der Straße gespielt, mit Kreide, rumrennen und so ... Ich bin ganz klassisch aufgewachsen: Die Eltern sind zusammen, der Vater ist Schreiner, die Mutter Verkäuferin, sie sind in die Gemeinde integriert. Meine Oma hat jeden Abend vor dem Schlafen am Bett mit mir gebetet. Durch unseren Familiennamen haben wir hier im Ort einen gewissen Stand, weil es eine stark verbreitete Familie ist *(er zeigt von seinem Balkon auf verschiedene Häuser im Dorf, in denen Verwandte wohnen).* Wir ham Ländereien im Familienbesitz, letztes Wochenende war Heumachen. So was und auch das Haus binden mich. Ich merke aber, dass ich das definitiv nicht möchte und dass es mich verändert. Ich gehe nicht mehr so viel weg. Ich trinke nicht mehr so viel Alkohol. Aber vielleicht kommt da keiner drumrum: Schule – viel Zeit, Arbeit – weniger Zeit, und wenn man dann noch die eigene Wohnung hat, das kostet richtig viel Zeit. Das ist halt so und auch okay. Das Problem ist: Es wird von mir verlangt, und das mag ich dann nicht mehr.

Ausbildung

Die Firma ist eine halbe Stunde von hier entfernt. Oben in dem Haus wohnt der Chef, unten ist der Betrieb. Wir sind acht Mitarbeiter, die eine bestimmte Software weiterentwickeln. Ich hab eine ziemliche Arschlochkarte gezogen. Ich hab nach der Schule unzählige Bewerbungen geschrieben, eigentlich wollt ich Mediengestalter werden. Das hat nich geklappt, und ich hab mich bei der FOS (Fachoberschule) eingetragen, sozialer Zweig, mit Blick Richtung Bewährungshelfer. Dann hab ich aber ein Schreiben vom Arbeitsamt bekommen, dass es da noch eine Stelle bei der Softwarefirma gibt. Ich hab mich beworben, hatte ein Vorstellungsgespräch und eine Woche Probearbeiten. Am Ende hab ich 150 Euro dafür gekriegt und gedacht, damit hab ich immer noch die Chance auf Mediengestalter. Ich hab in Kauf genommen, dass ich jetzt drei Jahre eine Ausbildung mache, auf die ich eigentlich keine Lust habe. Davor hatte ich nichts zu tun mit Computern, ich hab nicht mal Internet zu Hause, das hab ich alles dort gelernt. Ich versteh mich auch mit dem Chef nicht. Zum Beispiel machen alle im Betrieb Überstunden, die werden aber nicht honoriert, weder mit Geld noch mit Urlaub. Das wird von mir auch erwartet. Dass ich von acht bis fünf arbeite und dann noch zwei Stunden weitermache, obwohl ich keine Aufgabe hab. Ich muss sogar manchmal in den Keller, zum Kartonagen-Vernichten. Letzte Woche hatte ich Urlaub auf Abruf, da bin ich auch am Montag und Freitag zum Arbeiten gekommen, weil es einen Engpass gab. Klar, kein Thema, ich hatte Urlaub, aber wurscht. Ich drück mich nicht! Ich hab auch extra an den Abenden davor nichts getrunken. Aber trotzdem schauen alle blöd, wenn ich um halb fünf nach Hause geh.

Geld
Einnahmen
Lohn: 750 Euro brutto
Kindergeld: 184 Euro
Ausgaben
Lebens-, KFZ- und private Rentenversicherung: 111 Euro
Benzin: 250-300 Euro
Nebenkosten der Wohnung: 50 Euro

Diese Pflichterfüllung und der Kontrollverlust hängen irgendwie für mich zusammen. Ich muss mir mit der Disziplin eine gewisse Sicherheit aufbauen, damit ich mir leisten kann, alles mal übern Haufen zu schmeißen. Muss es mir dann aber wieder aufbauen, damit ich diesen Status nicht verliere. Das alles hier, eine ordentliche Wohnung, ein einigermaßen guter sozialer Stand, ein Job, bei dem ich Geld verdiene, das diszipliniert mich. Ich will diese Sicherheit.

Politik

Ich glaube nicht, dass man Macht auf alle gleich verteilen kann. Das funktioniert nicht. Weil die Menschen unterschiedlich sind und sich unterschiedlich engagieren. Ich glaube nicht, dass sich Menschen anstrengen, wenn sie nicht dafür honoriert werden. Aber es muss ein Verhältnis herrschen zwischen Anstrengung und Honorar, und dieses Verhältnis stimmt bei uns nicht. Macht und Leistung sollten am besten eins zu eins zusammenhängen. Verantwortung, zum Beispiel die eines Krankenhausleiters, soll auch honoriert werden. Der muss mehr bekommen als ein Wirt. Weil er Menschenleben in der Hand hat.

Über Politik diskutiere ich mit meinen drei Freunden Benni,

Dan und Marco. Wenn einer was hört oder liest, diskutieren wir das zu viert. Wie eine kleine Zelle. Zu den Demos fahren wir auch immer zusammen. Ich glaube, geredet wurde genug, jetzt muss man handeln, auch mit Gewalt. Nach Straßburg, wo wir zum ersten Mal im schwarzen Block heftigere Ausschreitungen mit der Polizei erlebt haben, haben wir uns gesagt, keiner von uns hätte das allein gemacht, die Gemeinschaft hat uns Mut gegeben. Eine Demo zeigt Präsenz. Sie ist ein Zeichen dafür, dass es Menschen gibt, die nicht einverstanden sind. Für Straßburg wollten wir im Vorfeld sogar ein paar Rauchbomben bauen, hatten aber nicht die nötigen Chemikalien. Die Kleidung muss schwarz sein. Keine Logos, kein Schmuck, nichts, was wiedererkannt werden könnte. Sturmmaske natürlich, das ist das Wichtigste, Handschuhe. Die anderen schwören auf Springerstiefel, ich trage lieber schwarze Turnschuhe, weil ich mit denen besser rennen kann. Ich setze lieber auf Schnelligkeit als auf Härte. Schlagringe und Eisenstangen hatten wir ins Auto gepackt, aber dann doch nicht mit zum Demonstrationszug genommen. Wir hatten nichts dabei, was man normalerweise im Geldbeutel hat. Keine Bankkarten, zum Beispiel, wo ein Name draufsteht. Nur Bargeld. Handys haben wir im Auto gelassen. Nur für den Notfall, damit wir jemandem Bescheid sagen können, wenn was passiert. Auf Demos versuchen wir, zusammenzubleiben, aber das funktioniert natürlich nicht. Darum machen wir, bevor es losgeht, Treffpunkte aus. Ich hab versucht, möglichst weit vorne zu laufen, und in der Mitte. Das ist absolut super. Du drehst dich um und siehst nur schwarze Masken. Alle sehen genau gleich aus, alle rennen, voller Kraft, gemeinsam für das gleiche Ziel. Man kennt sich nicht, aber alle haken sich unter, besonders an den Rändern: Die, die außen laufen, werden fest untergehakt von denen, die weiter drinnen sind, damit sie nicht von der Polizei rausgezogen werden können. Das Gefühl hat viel mit Aufgeregtheit zu tun, ich bin in Rage. Alle gemeinsam, der Zusammenhalt ist unglaublich. Auch wenn das CS-Gas kommt, alle helfen sich. Ich rufe mit den anderen das Motto der Demonstration. Ich sehe das als den letzten Warnschuss, bevor es losgeht. Wenn die ersten Steine geflogen sind, werden keine Lieder mehr gesungen. Die Steine liegen mehr oder weniger auf der Straße herum, zerbrochene Ziegelsteine, Pflastersteine, die zuvor kaputtgegangen sind. Manche werfen auch Mollis. Ich erkenne einen Moment lang, wer geworfen hat, aber ein, zwei Sekunden später ist er oder sie wieder mit der schwarzen Masse verschwommen. Ich werfe nicht einfach, so weit ich kann. Ich ziele auf Polizisten. Nicht auf einzelne, aber auf die Gruppen. Ich werfe und sehe meinem Stein nach, zwar laufe ich dann schon wieder zurück, aber rückwärts, um zu sehen, ob er trifft. Verfehlt er, denke ich: Mist! und hole den nächsten Stein. Wenn er trifft, denke ich: Yes! und hole den nächsten. Egal, was passiert, es endet im nächsten Wurf.

Würdest du den ersten Stein werfen?
Ja.

Würdest du einen Molotowcocktail werfen?
Ja.

Würdest du den Tod eines Polizisten in Kauf nehmen?
Ja. Wenn ich ihn als das sehe, für das er in diesem Moment steht, den Staat, ja, sofort. Wenn ich darüber nachdenke, dass er ein Mensch ist, der einen Befehl ausführt, und ich nicht weiß, ob er ihn ablehnen könnte, einer, der Familie hat, vielleicht Kinder, dann wird es schwierig. Aber daran denke ich nicht. Beim ersten Nahkampf standen wir zu viert auf einer Erhöhung. Hinter uns

waren viele Demonstranten, vor uns Polizisten. Wir haben uns erst dort langsam vermummt, dann haben wir gemeinsam einen Sprung nach vorne gemacht. Die Polizisten kamen einen Schritt näher, dann wir, dann die, dann wir. Es war reine Provokation, von beiden Seiten. Wenn es jetzt losgeht, hab ich gedacht, sind wir verloren. Ich hab gehofft, dass die hinter uns nicht anfangen, Steine zu werfen, die hätten dann nämlich uns getroffen. Der Körper ist in so einem Moment in Höchstform. Angespannt, fit, stark, voll und ganz da. Man ist sehr aufmerksam. Achtet auf jede Bewegung, jedes Zucken. Ich habe auf der Straße für uns nach Steinen Ausschau gehalten und nach Fluchtwegen, Hinterhalten. Mehr nicht. Viel denken tut man da nicht. Am nächsten Tag konnte ich kaum noch laufen, die Muskeln haben geschmerzt, und ich war nur noch erschöpft. Man rennt den ganzen Tag. Man isst nichts, man hat nichts zu trinken. Und dann noch das CS-Gas überall. So eine Demo ist Leistungssport.

Andere Demonstranten kritisieren den schwarzen Block oft als rein zerstörerisch und werfen ihm vor, er würde ihnen die Aufmerksamkeit stehlen.
Das ist Quatsch. Und ehrlich gesagt, wenn ich mich darum kümmern würde, was die anderen wünschen, könnte ich auch keine Steine werfen.

«Natürlich muss ich immer daran denken, wo es hinführt und wie ich es hinterher verkaufen kann»

Magnus

19

hat gerade an einem Internat in Irland Abitur gemacht und lebt mit seinen Eltern und zwei jüngeren Brüdern in Mecklenburg-Vorpommern

Während des gesamten Gespräches sitzt Magnus ruhig vor mir und antwortet konzentriert auf meine Fragen. Weder von Schokoladenkuchen noch der arabischen Musik im Café, in dem wir uns das erste Mal treffen, lässt er sich ablenken.

Es macht mir nichts aus, wenn du das Gespräch aufzeichnest, ich kenne Diktiergeräte. Für mein Abitur musste ich 1000 Shakespeare-Zitate auswendig lernen. Die habe ich mir auf meinen iPod gesprochen und immer, wenn ich in der Bahn war, gehört.

Anfangs war ich an das stundenlange Lernen noch gar nicht gewöhnt. In Deutschland muss man das ja nicht, da kann man viel über die mündlichen Noten machen. Wenn deutsche Abiturienten zwei Stunden gelernt haben, denken sie, so viel habe ich ja noch nie gelernt! Dann denke ich nur: Äh, hast du schon mal 18 Stunden am Stück gelernt? Das irische Schulsystem ist so, dass man während der letzten beiden Jahre – hier äquivalent der 11. und 12. Klasse – nur auf eine Woche Prüfungen hinlernt, die am Ende dieser beiden Jahre stattfindet, die *week X*.

Bei der Prüfung bekommt man eine Nummer, weder Name

noch sonst eine persönliche Information sind bekannt. Man geht ins Rathaus, setzt sich wie 2000 andere Leute an ein Pult, bekommt die Klausur, schreibt am Ende seine Nummer drauf, gibt sie ab, und jemand, der einen nicht kennt und nichts über einen weiß, korrigiert das. Jeder hat die gleichen Anfangschancen, jeder kann sich darauf vorbereiten, es kommt nicht auf eine subjektive Empfindung des Lehrers an – das ist alles egal. Es kommt nur darauf an, wie viel man weiß. Und das ist fair.

Im Internat hatten wir abends immer drei Stunden überwachtes Lernen. Aber das reicht natürlich nicht. Neun Monate vor den Prüfungen habe ich mit zwei zusätzlichen Stunden angefangen, sechs Monate vorher war ich bei fünf bis sieben Stunden. Dann habe ich gemerkt, das reicht immer noch nicht, und zehn, elf Stunden am Tag, in den letzten drei Monaten dann 14, 16, manchmal 18 Stunden, gelernt. Ich habe es ein bisschen übertrieben, keiner sonst im Jahrgang hat so viel gelernt. Das war auch ungesund, ich habe zwölf Kilo abgenommen, weil ich einfach nicht mehr ans Essen gedacht habe. Das entwickelt eine furchtbare Eigendynamik, man gibt überhaupt nicht mehr auf sich acht. Ich habe die ganze Zeit Koffeintabletten genommen, das haben alle gemacht, sodass man nur noch sechs Stunden schläft und den Rest der Zeit lernt. Ich war mit einem Typen in einem Zimmer, der auch sehr ehrgeizig war, wir haben uns Formeln an die Wand geklebt und Lernkarten geschrieben, manchmal haben wir 20 Seiten auswendig gelernt. Wir waren echte Streber, aber das musste dann halt mal ein Jahr sein.

Vor meiner Spanischprüfung habe ich eine Stunde am Tag mit meinem Bruder am Telefon gesprochen, ich habe ihm fünf Euro gegeben, er musste, was ich sagte, abtippen und schauen, dass ich immer das Subjekt korrekt habe und möglichst viele Zeiten benutze. Mein Bruder ist für ein Jahr nach Spanien gegangen, ohne auch nur einen Volkshochschulkurs in Spanisch gemacht zu haben, und kam ohne Akzent wieder.

Ich habe mich für Irland entschieden, weil ich dachte, das hat alles: günstigere Internate als in England, ungefähr genauso gut, englischsprachig und in Europa. Das ist für die Ausbildung einfach besser als Amerika. Ich war 16 und fand irgendwie die schwarzen Umhänge der Schuluniform geil. Ich dachte, das wird bestimmt so ein Spaß wie bei Harry Potter. Es gab natürlich günstigere Alternativen, aber mein Vater – das werde ich ihm auch nie vergessen – hat, seit ich und meine Brüder geboren sind, Geld für uns zur Seite gelegt, teilweise schmerzhaft. An dieses Konto ist er rangegangen, mein Teil ist jetzt weg. Er hat gesagt: «Ich habe diese Summe veranschlagt.» Fürs Studium ist nichts mehr übrig, ich muss mich jetzt auf Stipendien bewerben.

Elterliche Anerkennung ist total wichtig. Ich rebelliere überhaupt nicht, ich arbeite voll mit denen zusammen. Meine Eltern sind die wichtigsten und besten Ratgeber für mich. Der Grund, warum ich so viel gelernt habe, war, dass ich denen sagen wollte, 50 000 Kracher waren nicht für nichts, sondern das war es wert. Ich komme jetzt auch mit einer Leistung zurück.

In Irland kann man 600 Punkte bekommen, das ist die Topnote. Alles über 530 ist echt gut, also schwer und echt gut. Das ist wie in Frankreich, wo man diese 20 Punkte kriegen kann, aber es nie passiert, oder im Jura-Studium, wo man 18 Punkte kriegen kann, und alles über acht ist schon toll. So ist es da auch, alles über 500 ist super, und alles über 530 ist echt schon so: wow.

Noch vor den Prüfungen kamen Lehrer zu mir und haben gesagt, wir haben entschieden, drei Leute für Cambridge vorzuschlagen, und du bist dabei. Danach habe ich keine Uniseite mehr im Internet angeschaut. Ich möchte Französisch und Spanisch studieren, weil Sprachen voll mein Ding sind.

Ich möchte entweder Diplomat oder Journalist werden. Ich habe mal ein Praktikum im Auswärtigen Amt gemacht, das hat mir gut gefallen: Reisen, Menschen, Sprachen, das finde ich alles irgendwie geil. Ich sehe mich selbst auch nicht als Backoffice-Person, die im stillen Kämmerlein irgendwas arbeitet. Allein dieses prestigeträchtige Amt finde ich total anziehend. Ich bin Vertreter der Bundesrepublik Deutschland, und wir handeln jetzt mit allen was aus. Auch diese internationale Bühne, das klingt jetzt megahochgegriffen für einen Abiturienten, das ist echt ein Traum. Ein Himmel für mich. Aber die Ausbildung ist langwierig, man muss erst mal studieren und dann auch noch diese zwei Jahre im Auswärtigen Amt machen. Man ist erst mit 27 fertig, ich bin ja jetzt schon 19, das dauert echt lange, bis man Geld verdient.

Lebenslauf

Ich denke natürlich darüber nach, wer ich bin, was ich mag, was ich machen will. Aber im Moment mache ich nichts, solange ich nicht weiß: Das bringt mir was, ich lerne da was, und ich bekomme hinterher ein Zertifikat dafür. Sonst läuft gar nichts. Das kann man sich in meiner Generation einfach echt nicht mehr leisten. Mein Vater hat mir gestern Abend die Lebensläufe von Leuten seiner Uni gezeigt, die sich für Stipendien beworben haben, und die waren alle wie ich oder noch besser. Da dachte ich: Scheiße, alle sind so gut, weil alle wissen, es ist tough im Moment.

Wenn ich jetzt in einem Monat das Interview in Cambridge habe, werden die sagen: «Sie haben einen Monat nichts gemacht und wollen hier studieren? Was denken Sie eigentlich, Ihre Zeit nicht zu nutzen, um Ihr Wissen zu vergrößern?»

Das ist echt doof, dieses Lebenslaufdenken. Das ist eigentlich echt verwerflich und schlecht, oder? Auf der anderen Seite muss man einfach objektiv sehen, die Entscheidung muss immer in der Mitte liegen: Ist das was für mich, ist das schön? Aber auch: Was bringt es mir? Kann ich mir das anrechnen lassen? So muss man leider denken. Natürlich muss ich immer daran denken, wo es hinführt und wie ich es hinterher verkaufen kann. Die Zeit, einfach mal rumzugucken, hat man nicht mehr. Wenn man sich anschaut, wie jung die alle sind ... Ich bin jetzt schon 19, also schon alt.

Ich mache jetzt wegen der Einschreibefristen notgedrungen ein Lückenjahr, ein *gap year*, ich fange also erst mit 19 oder 20 an zu studieren. Ich bin mit sieben eingeschult worden, nicht mit sechs, wie es eigentlich hätte sein sollen, und viele sind schon mit 17 mit der Schule fertig. Meine Lehrer haben mir auch alle gesagt: «Du kannst dir nicht leisten, ein halbes Jahr gar nichts zu machen, das geht einfach nicht.» Wir hatten *guidance counselors* an der Schule, Leute, die einem sagen, was man alles machen muss im *gap year* – wenn man eines machen will. Man muss das gut verkaufen.

Ich hatte die Hoffnung, dass ein entspannter Sommer kommt, aber das ging gar nicht. Ich musste planen, was jetzt kommt, und habe mir ein Praktikum in einer Kanzlei in Chile organisiert. Und für das Interview im Dezember muss ich möglichst viel Weltliteratur durchlesen, damit ich die beeindrucken kann. Wenn ich jetzt mit meiner Familie eine Woche nach Malle fahre, muss ich aufstehen, bis zum Mittag lesen, dann mit denen Mittag essen und dann weiterlesen. Genau das erwarten die in Cambridge auch. Die erwarten, wenn jemand ein *gap year* macht, dass er dann auch richtig arbeitet.

Für diese Cambridge-Bewerbung, die irre verschult ist, muss man einen 46-seitigen Aufsatz schreiben, ein *personal statement*.

Da muss jedes Wort top sein. Ich muss das mit den *guidance counselorn* zusammen schreiben. Etwas Unkontrolliertes hinzuschicken ist Kamikaze. Ich habe zum Beispiel in meinem Entwurf geschrieben, dass ich Sprachen studieren möchte, weil ich glaube, dieses Studium könnte im späteren Leben für mich sehr nützlich sein, weil ich gerne Journalist oder Diplomat werden will. Ich dachte: Toller Satz, der kommt bestimmt gut an. Meine *guidance*-Menschen haben gesagt: «Nee, überhaupt nicht gut, das klingt total karrieristisch, da muss auch noch rein, dass du die Literatur liebst und dass es dein Herzblut ist, nur dieser Satz allein ist sogar ein Minuspunkt. Da muss irgendwas mit Leidenschaft und persönlicher Hingabe sein, nicht nur so nach dem Motto: Dieses Studium ist nützlich, weil es gut aussieht.» Und ich dachte so, okay, sorry, nicht gewusst.

Herkunft

Ich denke mir manchmal: Stell dir mal vor, du wärst der Sohn eines Klempners und einer Polizistin. Ich hab nie viel gelernt bis auf das letzte Jahr, und ich war immer gut in der Schule, das fiel mir immer so zu. Ich hatte immer das Gefühl, dass ich zum Beispiel korrekte sprachliche Ausdrücke oder Hauptstädte kenne, weil ich sie irgendwo zu Hause mal gehört habe. Das kam ganz, ohne dass ich selbst was dafür tun musste, wie ein Lied, das man oft hört. Das kann man irgendwann auswendig, auch wenn man sich nicht hingesetzt und den Text auswendig gelernt hat. Bei uns zu Hause wurde eben ein anderes Lied gespielt als in anderen Familien. Mein Vater ist Professor, meine Mutter adelig. Beide sind Juristen aus dem Westen, erst nach der Wende sind wir nach Mecklenburg-Vorpommern gezogen.

Wenn ich meinen Lebenslauf vor mir hätte – ohne mich zu kennen – und dann noch den von jemand anderem, der die Reisen nicht gemacht hat, die ich durch meine Eltern machen konnte, würde ich auch denken, dass man mich eigentlich nicht bevorzugen darf. Auf der anderen Seite habe ich mich dadurch auch einfach mehr qualifiziert.

Das mit der Herkunft ist ja ein richtiges Forschungsgebiet, ich glaube, das heißt Milieuforschung. Wie viel macht Veranlagung aus und wie viel das soziale Umfeld? Ich denke, es ist genau fifty-fifty. Klar habe ich was auf den Weg mitgekriegt: In der Familie gehen wir zum Beispiel immer die politischen Themen durch, und Papi erklärt uns die Hintergründe. Papi liest die ‹Süddeutsche› und die ‹Frankfurter›, dann schneidet er immer Artikel aus, legt sie uns auf den Küchentisch, sagt zu meinen Brüdern und mir: Lest die, und dann reden wir abends drüber. Er schickt uns auch manchmal Links per Mail.

In meiner alten Schule in Mecklenburg-Vorpommern hat mich das total genervt. Viele meiner Mitschüler und Lehrer dachten, ich brächte nur Leistung, weil meine Eltern Akademiker aus dem Westen sind. In Irland fand ich es echt angenehm: Keiner wusste, wer ich bin, ich hatte die Möglichkeit zu lernen, das habe ich getan.

Leistung bedeutet für mich, die Chancen, die einem gegeben werden, bestmöglich zu nutzen. Wenn jetzt jemand zu einem Klempnerkind sagt: Du warst nicht in Cambridge, das ist ein Misserfolg gegenüber Magnus, dann kann das Klempnerkind sagen: Nein, das ist gar nicht in der Spannweite meiner Leistung. Irgendwo hören diese 50 Prozent Eigenleistung auf, und dann kommt es nur noch darauf an, woher man kommt.

Das zweite Mal treffen wir uns auf dem Anwesen der Familie in Mecklenburg-Vorpommern.

Jetzt sind die Abitur-Ergebnisse da. Ich habe 580 von 600 Punkten. In Spanisch, Französisch, Deutsch und Wirtschaft haben sie mir ein hohes A, ein A1, gegeben, in Englisch und Geschichte nur ein A2. Das sind weniger Punkte, als ich gehofft hatte. Über das A in Englisch habe ich mich sehr gefreut, vor mir hat noch nie ein Deutscher auf meiner Schule ein A in Englisch bekommen. In Geschichte hatte ich zwar ein A, aber kein hohes. Dabei war ich da immer Jahrgangsbester in meiner Schule, und jetzt haben zehn andere in der Prüfung das hohe A geschafft, aber ich nicht. Das hat mich echt geärgert. Darum bin ich letztes Wochenende nach Irland zurückgeflogen, um mein Examen anzuschauen. Ich werde in Berufung gehen, meine Lehrerin und ich fanden meine Geschichtsklausur beide zu streng bewertet. Wir vermuten, es lag daran, dass der Korrektor schon so viele A1s gegeben hatte und keine mehr geben konnte. Deswegen haben wir einen sogenannten *appeal* gemacht, und wenn das klappt, hätte ich meine 590 Punkte. Das wäre auch wichtig, weil immer ein Stipendium für den Jahrgangsbesten vergeben wird. Das ist einfach nur Cash auf die Kralle. Und das bräuchte ich auch für die ganzen teuren Flüge. Im Moment stehe ich zwar auch an erster Stelle, aber mit einer Freundin zusammen, wir müssten es teilen. Das ist ein bisschen illoyal von mir, aber ich hätte es natürlich lieber alleine, weil meine Eltern auch sagen, diese ganzen Flüge sind superteuer, ich war ja auch gerade noch in Israel.

Freunde

Ich habe im Urlaub doch nicht den ganzen Tag gelesen, sondern habe mich erholt, habe rumgegammelt und Stunden auf Facebook verbracht. Im Moment bin ich vor allem dabei, Freunde zu löschen. Ich hatte 1100, aber das sind ja nicht alles meine Freunde. Niemand hat 1000 Freunde. So ein Quatsch. Jetzt bin ich schon 400 los und will noch 200 loswerden.

Irgendwann muss ich mich mal daranmachen, alle meine Spuren im Internet zu löschen. Ich glaube, das geht schon gar nicht mehr. Aber wenn man sich später mal bewirbt, wird man ja sofort gegoogelt und bei Facebook gecheckt. Ich muss die Party-Fotos sofort rausnehmen. Ich muss mal Leute, die Bewerbungsgespräche führen, fragen: Wenn Sie ein Foto von mir finden, auf dem ich mit einer Bierflasche und einer Zigarette in der Hand stehe, wäre das ein Grund für Sie, mich abzulehnen? Wenn der sagt: Ja, dann würde ich das alles löschen. Eine Freundin von mir hat gerade richtig viel Geld für eine Agentur bezahlt, damit sie ihre Fotos löscht. Die hatte richtig viele, die war halt überall drin, bei MySpace, Twitter usw.

Neulich habe ich ein Fest veranstaltet. Mami hatte ihren 50. gefeiert, und dann war halt noch so ein Zelt im Garten, und sie meinte: Mach doch auch ein Fest! Zwei Freunde und ich haben zusammen 450 Freunde eingeladen, alles über Facebook, zum Glück sind die nicht alle gekommen. Essen gab es von Mr. Wong, genug Alkohol und eine Tanzfläche. Das Motto war: Alle Jungs mussten eine rote Hose tragen und alle Mädels ein kleines Schwarzes. Es gibt echt coole Fotos davon auf Facebook.

Klar kommen die meisten meiner Freunde aus einem ähnlichen Umfeld wie ich, weil sich das so ergeben hat. Die Eltern suchen ja die Spielkameraden und die Schule für ihre Kinder aus.

Das heißt aber nicht, dass ich nicht mit jemandem befreundet sein könnte, der einen Assi-Hintergrund hat, aber krass nett ist. Die Adelsverbände machen viel, um die Jugendlichen zusammenzubringen und zu verkuppeln: Tanzkurse oder Radtouren. Auf den Radtouren weiß jeder, dass man da ist, um die Leute kennenzulernen. Insofern muss man sich möglichst gut verkaufen. Ich wollte mal bei einer Radtour mitfahren, wo man nur als Adliger teilnehmen konnte. Meine Mutter ist ja adelig, mein Vater zwar bürgerlich wie ich, aber wir sind im Umkreis des Adels. Man musste die Geburtsnamen der Eltern angeben. Ich durfte zwar, aber eine Freundin von mir, die auch mitfahren wollte, nicht. Das fand ich so doof! Dabei ist die genauso classy wie alle anderen.

Im Internat, die sind eher wie meine Brüder. Du bist ja immer zusammen und lernst dich so gut kennen, wie dich sonst vielleicht nur deine Mutter kennt. Am Anfang gab es natürlich Reibereien, aber irgendwann kennst du das, akzeptierst es und lernst, damit umzugehen. Im Moment sind die Jungs, mit denen ich auf dem Internat war, wirklich noch wie Brüder. Du bist ja wirklich 24/7 immer zusammen. Du bist ja eigentlich nur alleine aufm Klo.

Manchmal mache ich so Tage, wo ich denke, jetzt bin ich echt fertig, jetzt brauche ich to-me-time, die ich ja auch im Internat nicht hatte. Dann überlege ich mir, ich lese jetzt dasunddas Buch oder schaue einen Film, der mir empfohlen wurde. Dann chille ich, tue nichts für meinen Lebenslauf. Während dieser krassen Lernzeit im Internat habe ich das komplett ausgeschaltet, und jetzt denke ich, so eine Stunde oder zwei am Tag, das klappt meistens nicht, aber das ist Zeit für mich selbst.

Gerade habe ich Kaffee getrunken mit einer Cousine von mir. Also dieses ungesunde Überhaupt-keine-Freizeit-Haben, das habe ich einmal gemacht, das mache ich jetzt nicht mehr. Selbst wenn ich nach Cambridge gehe, werde ich immer gucken, dass ich auch noch lebe.

Zukunft

Ich denke schon, dass ich irgendwann heiraten will und Kinder habe, vielleicht vier, das kann ich mir ganz gut vorstellen. Ich denke, dass der Weg so vorgezeichnet ist. Für mich spielt eine Rolle, dass ich eine gemeinsame Basis mit der Frau habe, die ich heirate. Das setzt voraus, dass wir ähnlich aufgewachsen sind. Aber natürlich hat man auch immer diese Vision von einem Aussteigerleben, vielleicht nur mit einer Frau, mit der man aber nicht verheiratet ist, irgendwas ganz anderes zu machen ohne Kinder, das ist dann so ein bisschen die exotische Alternative. Sagen wir mal, ich würde es schaffen, in 30, 35 Jahren der Botschafter in Haiti zu werden, und hätte eine Frau, dann könnte ich da mit der die ganze Zeit am Strand sein. Ich weiß zufällig, dass der Botschafter in Haiti überhaupt nichts machen muss.

«Überleg dir des gut, weil ich bin zu zweit. Bin ich.»

Elena
19
steht kurz vor dem Abitur
auf dem Land, in der Nähe einer bayerischen Kleinstadt

Frei zwischen Wiesen stehen zwei große Eichen, dahinter ein einzelnes Haus. Hier wohnt Elena mit ihrer Oma, 80, ihrem Vater, 59, ihrer Mutter, 56, Anna, ihrer Cousine, 17 (Elena nennt sie «kleine Schwester»), und ihrem Sohn Kolja, 3.

I.

Wir sitzen im Wohnzimmer auf einem großen runden Sofa, davor ein Teppich, darauf Kolja, der mit einem Traktor und einem Bagger spielt und dabei singt. Er selbst bezeichnet seine Tätigkeit als «arbeiten». Elena spricht im bayerischen Dialekt.

In der Früh um halb sieben, wecken meine Eltern erst mich, dann meine kleine Schwester. Dann frühstücken wir, und um sieben wecken wir den Kolja, den macht dann meine Mama fertig. Ich fahr mit einer Freundin in die Schule, und meine Mami bringt den Kolja in den Kindergarten, der is da unten im Dorf ... Mittags holt sie ihn da auch wieder ab, dann komm ich heim, mit irgendwem, der mich grad fahrn will. Es tät auch ein Bus gehn. Dann essen wir gemeinsam, meine Mama, der Kolja und ich.

Kolja *(ruft)*: Du hast auch keine Buskarte.

Elena: Ja, ich hab auch keine Buskarte, ich muss den Bus schon zahlen ... und um fünf oder so kommt dann meine kleine Schwester heim, dann tun wir Kaffee trinken und Brotzeit machen. Ja, und am Nachmittag bin ich meistens mit Lernen beschäftigt. Dann macht meine Mami was mit dem Kolja, oder er spielt allein, der geht viel in den Garten raus.

Koljas Gesang wird lauter

Wenn ich Klausurzeit hab, lern ich den ganzen Nachmittag, bis er schlafen geht im Prinzip. Sonst hock ich mich vielleicht mal so eine Stunde hin oder zwei, das ist nicht so dramatisch.

Ihm passt's zwar nicht *(sie sagt mit hoher Stimme)* «Mama soll nicht in die Schul gehn.» *(mit tieferer Stimme)* «Ich muss aber in die Schul gehn ...»

Aber andererseits, er hat ja hier die ganze Familie. Ich hab ja noch drei ältere Geschwister, zwei aus der ersten Ehe meiner Mutter, die abwechselnd mit ihren Partnern da sind.

Ich spiel Geige, seit 13 Jahren, und ich spiel im Kammerorchester, da proben wir meistens einen Abend in der Woche. Wenn's irgendwie geht, spiel ich jeden Tag ein bisschen, mehr als eine halbe Stunde schaff ich da aber meistens nicht, ich hab ja auch noch ein Privatleben, ich hab auch noch Freunde, ... ich bin nicht hauptberuflich Mama.

Am Wochenende ist es meistens so, dass ich den Junior da ins Bett bring, und dann ist mein Papa da, und ich kann weggehen. Wenn wir nach München fahren, komm ich so um fünf, sechs morgens zurück, sonst irgendwann zwischen zwei und fünf, und dann steh ich ganz normal mit ihm auf. Mein Papa steht um acht oder neun auf und frühstückt mit dem Kolja, da kann ich nochmal eine Stunde schlafen, *(zu Kolja)* gell, Mäuschen?

Kolja: Ja gut, is halt so, weil ich Geld verdienen muss!

Elena *(lacht)*: Ach so, weil du Geld verdienen musst, musst du früh aufstehen? Nein, fürn Kindergarten.

Kolja: Nein, fürs Geld!

Kommen deine Freundinnen dich auch besuchen?

Ich kann abends nicht in mein Zimmer, weil er dadrin is, im Wohnzimmer sind meine Eltern und meine kleine Schwester ... Ich fahr meistens, da hab ich dann meine Ruh.

Kolja schmeißt einen Holzwürfel durchs Zimmer, es scheppert

Elena *(zu ihm)*: Sag a mal! Ned schmeißen!

Kolja: Ich hab bloß gewürfelt.

Elena *(lacht)*: Du kannst ja woanders würfeln. O. k?

Kolja *(trotzig)*: Na gut!

Er geht ins Nebenzimmer

Dann bleib ich jetzt dadrin.

Elena: Na gut, dann bleibst du da halt drin. *(sie lacht, aber so, dass er es nicht bemerkt)* Des kommt nicht so gut, wenn man lacht, wenn man schimpft. Jetzt is er grad so ein bisschen in der Trotzphase ..., da steht so ein Kerlchen mit hochrotem Kopf vor dir *(sie lacht laut)* ..., und da sollst du ernst bleiben und dein Kind erziehn ... Ach ja, ach ja ...

Weißt du schon, was du nach dem Abitur machen willst?

Tja, das ist die große Frage. Also wenn's nach mir gehen würde, dann tät ich wahrscheinlich in Indiana studieren, aber das geht halt nicht. Ich würde gern Tourismusmanagement studieren, nur ist das halt so gar kein kinderfreundlicher Studiengang.

Und die Vorurteile gegen alleinerziehende Mütter, die sind da. Die merkt man schon, wenn man sich um ein Praktikum bewirbt. Ich mein, die sind auch nicht ganz unberechtigt. Wenn der krank ist, dann komm ich nicht, klar. Ich bin da grad ein bisschen am Suchen, und die wollen schon alle, dass man sehr flexibel ist.

Kolja kommt wieder rein

Ich hab eigentlich vor, ihn erst mal hierzulassen, bis er fertig ist mit dem Kindergarten, und ich geh in München studieren, weil dann kann ich am Wochenende heimkommen. Aber, ich mein, für mich ist das dann ja auch ganz neu. Ich komm dann an die Uni und leb zum ersten Mal ganz allein. Und ich bin Großfamilie gewohnt. Ich werd auch erst mal schaun müssen, wie ich da zurechtkomm.

(zu ihm, der auf ihren Schoß geklettert kommt) Gell?!

(zu mir) Aber des is halt die Frage, ob des so geht, weil bei dem Studium is man viel unterwegs. Ich kann nicht ins Ausland richtig, ich kann ihn ja nicht mitnehmen. Ich hab eigentlich aber auch nicht vor, ewig hier in Oberbayern zu versauern ... also Bayern is schee, aber ... Ich glaub, ich möchte auch mal weg, für ein paar Jahre auf alle Fälle. Auf jeden Fall muss ich schaun, dass ich schnell fertig werd.

(zu ihm) Gell?!, weil ewig sollst ja ned bei der Omi bleiben.

Kolja: Naa.

Hast du bestimmte Aufgaben im Haushalt?

Ich bin für meine Oma zuständig, ich geh mal runter und putz da unten: Bad, Boden. Ich mach ihr die Nägel, fahr mit ihr zum Frisör, schau, dass sie duschen geht, und freitags geh ich mit ihr einkaufen. Sonst machen wir halt, was rumliegt, alle miteinander.

(zu ihm oder auch zu sich) Gell, Mäuschen? ..., erwachsen ... des wird man ganz schnell, wenn man hier so ... Nachwuchs kriegt, gell, Maus? Des is ganz schnell gegangen. Weil, ich war 15, als ich schwanger geworden bin ...

Wie war das?

Ja mei, ich hab halt einen Freund gehabt, und des ging ganz schnell. Ich hab ihm des eröffnet – er ist zwei Jahre älter als ich –, und erst hat er sich schon gefreut. Und dann ist er auch mit seinen Eltern mal gekommen, und wir haben geredet, wie wir das machen wollen. *(zu Kolja auf ihrem Schoß)* Gell?! ... Ja ... des war dann alles nicht so einfach.

Ich war schon sehr jung, und ich war auch noch nicht grad sehr reif. Des braucht man nicht wegreden ... Man überlegt schon erst mal ... aber andererseits, mir san in Bayern, ich bin katholisch, nicht so furchtbar streng, aber irgendwie hat man schon eine gewisse Achtung vor dem Leben. Da war auch meine Mama viel da und hat gemeint, wir können dann immer noch überlegen, ihn an jemanden abzugeben; an Eltern, die es sich so sehr wünschen, aber keine Kinder kriegen können. Und dann haben wir gesagt, wir kriegen ihn auf alle Fälle ... Und das war dann aber ganz schnell klar, dass ich den nimmer hergeb ...

Kolja *(ruft)*: Mähdrescher!

Elena: Ja, Mähdrescher!

Die Geburt hat lang gedauert. Meine Schwester war die ganze Zeit da. Meine Eltern waren auf Kreuzfahrt, aber mein Bruder und meine Schwägerin waren da, und als meine Eltern wieder zurück waren, sind die natürlich auch gekommen.

Und der Vater?

Hm, der Vater ... Ich hab den ziemlich verdrängt, diesen Herrn Vater. Von dem kam die ganze Zeit gar nix. Nachdem wir uns einigermaßen gefangen hatten, haben wir ihm, oder seiner Familie eigentlich, ein Foto geschickt, haben geschrieben, der Kolja ist da, und der will dich sehen. Da kam dann nichts, und irgendwann hat seine Mama angerufen und mir erzählt, dass er sich nicht reif fühlt für ein Kind. Vielleicht irgendwann mal, aber erst, wenn er sich dem gewachsen fühlt ...

Ich weiß auch nicht, ob ich reif war dafür, ich bin dann halt reif geworden, was is mir auch anderes übriggeblieben, aber leicht war's auch nicht. Und dann hat er nicht mal den Hintern in der Hose, herzukommen! Das Nächste, was kam, war eine Vaterschaftsklage. Damit unterstellt er mir ja eigentlich, dass ich – ich war 15! –, dass ich da mit irgendeinem anderen Kerl ... Entschuldigung?! Wir sind dann zu dem dämlichen Test angetreten, und, o Wunder, er ist der Papa ... Seitdem haben wir nichts mehr gehört.

Kolja *(ruft dazwischen)*: Es gibt Wiesenhäcksler und Maishäcksler.

Elena: Ja, die einen häckseln die Wiesen und die anderen den Mais.

Des war ganz lustig, ich hab mal Besuch von einer Dame vom Jugendamt gekriegt, die kommen jedes Jahr mal, die hat mir nahegelegt, dass ich das Kind mit seinem Vater in Verbindung bringen muss, weil das Kind ein Anrecht auf seinen Vater hat. Da hab ich gesagt: «Entschuldigung! Ich hab diesem Vater gesagt: ‹Da ist dein Kind, kümmer dich drum!› Was soll ich denn machen?» Warum geht die Frau nicht zu dem Vater und sagt ihm das? Aber mir erzählt sie das dann. Das Einzige, was er macht, ist, er zahlt Unterhalt.

Wie viel?

Weiß ich gar nicht genau, da müsst ich nachschauen, da kümmert sich hauptsächlich mein Papa drum, um diesen ganzen Kram ... Also ich kann keinem empfehlen, in Deutschland alleinerziehende Mutter zu werden. Ja, Vater Staat und ich. Theoretisch hätte ich am Anfang Elterngeld gekriegt und auch Geld für die Erstausstattung. Die schicken aber erst mal 25-seitige Anträge. Hallo!? Ich war 16 und hab grad ein Kind gekriegt und hab zu tun, dass ich damit klarkomm! Dieses Juristendeutsch, da hab ich kein Wort verstanden! Ich hatte erstens das Glück, dass mein Papa schon wer ist in Rosenheim, der kann da von oben ein bisschen draufdrücken und sagen: «Burschi, jetzt reiß dich zam, sonst fliegst vielleicht aus deinem Job raus.» Aber das können auch nicht alle Väter.

Und zweitens bin ich nicht unbedingt auf das Geld angewiesen, meine Eltern können uns schon noch durchfüttern. Aber das Geld steht ja dem Kolja zu, und der will später auch ins Skilager und ins Schullandheim, und das muss ich dann zahlen.

Und wie viel Geld habt ihr zwei zur Verfügung?
Ehrlich gesagt, weiß ich das nicht. Meine Mama verwaltet das Geld von der Familie, ich krieg 50 Euro im Monat Taschengeld, aber wenn ich was zum Anziehen brauch, krieg ich das, Schulzeug auch. Das is alles ganz gut so, uns fehlt nix, gell, Mausi?
Kolja: Ich hab eine Sparbüchse. Und ein Sparschwein!
Elena: Ja, und da schmeiß ma immer was rein, mir zwei, gell?

Wie hat deine Familie reagiert, als du gesagt hast, dass du schwanger bist?
Also als erstes hab ich es meinem Papa erzählt. Wir sind zusammen im Auto gesessen, er hat mich von einer Freundin abgeholt, mit der war ich beim Arzt gewesen. Er war relativ gelassen. Meiner Mama wollt ich's erst gar nicht erzählen, weil ... wir verstehen uns nicht so gut. Ich hab's erst mal meiner großen Schwester erzählt, die hat gleich zum Heulen angefangen. Na, und der Papa mit dem verstörten Blick, da hat meine Mutter schon geahnt, dass irgendwas nicht stimmt. Und dann haben wir's ihr erzählt.

Sie hat auch zum Weinen angefangen und ist raufgegangen in ihr Zimmer. Und dann ist sie wiedergekommen und hat mich in den Arm genommen und gesagt: «Irgendwie werden wir das schon machen.» Meine Großeltern ... des war schon ein bisschen schwieriger ... «Ja heiratst du den jetzt?», haben die gefragt. «Naa, Oma, eigentlich ned.»

Warum verstehst du dich mit deiner Mutter nicht?

Ach, ich glaube, sie hätte gerne, dass ich ein Einser-Abi mache und Medizin studiere, als Wiedergutmachung. Ich glaub, ich war nicht ganz geplant, als Kind, und dann hab ich mir viele Sachen geleistet. Ich hab eine Klasse wiederholt, dann halt ein Kind gekriegt ... ich kann ihr nie was recht machen.

Hier im Dorf *(sie zeigt aus dem Fenster, das Dorf liegt etwa 200 Meter über die Wiese),* die haben schon geredet, die Leute. Wir haben ihn da dann nicht taufen lassen.

Kolja *(wie eine Katze)*: Miaoooo!

Elena: Und in der Schule hat's auch Leute gegeben, die haben nimmer mit mir geredet, obwohl ich vorher dachte, dass wir befreundet wären.

Er: Und die Maus is aus ...

Sie: Meine Freundinnen waren schon erst mal geschockt. Aber nachdem klar war, den behalten wir, haben sie mir Namenslisten geschrieben. Das war witzig. Kurz vor der Geburt hat mich eine Krankenschwester gefragt: «Wie soll er denn heißen?» Ich hab keine Ahnung gehabt, und dann hab ich meine beste Freundin, meinen besten Freund und meine Schwester zu mir beordert, und dann haben wir überlegt. Elias fand ich ganz gut, aber nicht mit unserem Nachnamen zusammen, Martin hatten wir noch, weil der Opi, also mein Papa, so mit zweitem Namen heißt, und Klaus hatten wir noch, weil mein Opa so heißt. Kirel hatten wir noch ... warum er dann eigentlich Kolja geheißen hat, weiß ich jetzt gar nicht mehr. Des war dann so. Kolja. *(zu Kolja)* Kolja Hans heißt du, gell?!

Kolja: Nein! Kolja Danilow.

Elena: Kolja Hans Danilow. Weil, der Opa, der gestorben ist, der war aus Russland, und mein anderer Opa heißt Klaus. Und die russische Form von Klaus is? ... Kolja! Hihi. Der kleine Kolja. Und Hans is mein Papa.

Kolja: Nein! Meiner!

Elena: Ehrlich? Dein Opa, mein Papa. Dein Papa heißt Simon.

Er: Naa! Und sag des auch ned!

Sie: Doch, auch, wenn er ned da is.

(Stille)

Und Jungs, wie reagieren die?

(sie atmet einmal laut) Ija ... Also Männer *(sie sagt das Wort sehr laut)* ham ein ganz massives Problem damit! Nils, mein Ex-Freund, der is 26, und der kann sich zwar schon mit dem Kolja beschäftigen und auch mit dem spieln und auch die Verantwortung tragen, was der aber für ein Problem hatte ... Weißt du, den ganzen Tag bin ich in Gesellschaft, ich hab immer entweder den Kolja oder meine Geschwister oder irgendwen um mich rum ... und manchmal, nachts, will ich *einfach mal* meine Ruhe haben ... und das ist für die ganz schwer zu verstehn. Oder auch, wenn's zum Thema Sex kommt, ich bin einfach müd! Da geht's nicht drum, ob ich will oder nicht, wenn ich weiß, ich muss in sechs Stunden aufstehen, dann *schlafe* ich. Weil, ich kann mich am Tag nicht nochmal hinlegen, ich muss mir das irgendwie einteilen.

Und wenn ich jetzt jemanden neu kennenlern ..., wenn ich mir sicher bin, ich werd den nie wiedersehn, muss ich ihm nicht unbedingt erzählen, dass ich ein Kind hab.

Kolja spielt mit seinen Autos und singt laut dabei

Aber wenn jemand interessant ist, dann werd ich's bestimmt erzählen, und zwar gleich am Anfang: «Ich geh zur Schule, und ich bin Mama.» Weil, wir gehörn zusammen und der kann sich überlegen, ob ihm des passt oder nicht. Dann kommt meistens erst mal betretenes Schweigen. Aber des is so, und des sag ich so: «Überleg dir des gut, weil ich bin zu zweit. Bin ich.»

Kolja kommt wieder auf ihren Schoß

Dem Nils hab ich damals gesagt, ich bin ihm nicht böse, wenn ihm das nicht passt, und dann soll er sich einfach nicht mehr melden.

Kolja testet verschiedene Laute mit seinem Mund

Ja, so sagt man des. Aus, amen. *(zu Kolja)* Gell?!

Kolja: Juoa.

II.

Im Supermarkt im Ort mit Kolja und der Oma. Kolja sitzt im Einkaufswagen und singt. Während Elena das, was ihre Mutter ihr aufgeschrieben hat, in den Wagen wirft, telefoniert sie mit ihrer Freundin und plant den Abend. Die Oma räumt kichernd alles ein, was sie entdeckt. Elena nimmt es geduldig wieder heraus. Sie schiebt zur Kasse und bezahlt.

Ich glaub, wenn der mal groß ist, sterb ich vor Langeweile, weil ich so gewohnt bin, dass immer was los ist.

III.

Wieder im Wohnzimmer. Elena tippt in ihr Notebook, per Facebook setzt sie die Abendplanung fort. Kolja ist mit ihrem Vater im Garten.

Wie warst du, bevor du Kolja bekommen hast?
Jaaaa ... also ich hab damals so eine Clique gehabt, ich würd sagen, wir waren eher so spaßorientiert. Wir haben getrunken und geraucht ... Das war auch ganz leicht, die ganzen Bauernfeste, da konnt ich überall reingehn. Ich hab die siebte Klasse wiederholt, weil das Lernen mir einfach wurscht war. Das hat sich schon geändert. Wenn ich jetzt Klausuren hab, dann geh ich nicht weg.
Kolja *(schreit durchs Treppenhaus)*: Mami!
Elena *(zu ihm)*: Ja, Schatz!

Das interessiert mich jetzt nicht mehr. Ich hab meine Freunde, das sind nicht viele, aber treue. Ob wir cool oder angesagt sind, das weiß ich jetzt nicht, aber das is uns auch wurscht. ... Doch. Du änderst dich schon. Du denkst auch nicht mehr nur an dich.
Kolja: Mami, komm jetzt zur Oma!
Elena: Früher war's mir wurscht, ob ich nachts noch heimkomm oder nicht, und wenn nicht, dann schlaf ich bei ...
Kolja *(kommt rein)*: Ich bin schon wieder hier drin.
Elena: Des geht halt nimmer, gell?!

Anna, die «kleine Schwester» kommt rein und sagt, dass sie duschen geht. Elena verzieht das Gesicht, weil sie auch gleich duschen will. Sie diskutieren, wer welches Bad nutzt.

Freust du dich auf das Studium in München?
(lacht) Jaa! Ich freu mich drauf, dass ich mal allein bin. Ist eigentlich auch ganz schön, dass ich das kann.

Anna *(kommt nochmal)*: Allerliebste Schwester aller Schwestern geht's, wenn ich deine ...

Elena: Nimm's! Du meinst mein Shampoo und den Rest, oder?

Anna sagt was von Schuhen.

(zu ihr) Ja, ich versteh dich grad ned, aber nimm's.

(zu mir) ... sonst kann ich nie allein sein.

Anna *(kommt und hält sehr hohe silberne Stöckelschuhe hoch)*: Ich mein eigentlich die hier.

Elena: Ja, nimm.

Kolja zielt mit einem Klotz und macht Schussgeräusche.

IV.

In Elenas Zimmer. Sie packt die Sachen für die Orchesterprobe und die Nacht danach mit ihren Freunden: die Cellonoten für das Konzert, eine warme Jacke für das Open-Air in der Altstadt. Sie sucht Schuhe.

Man wird erwachsen, wenn man ein Kind hat. Aber man wächst da schnell rein. Vor allem, wenn man so eine Familie hat wie ich. Ich mein, wir streiten viel, aber wenn's wirklich hart auf hart kommt, sind die alle da. Gemeinsam schaffen wir das.

Worüber streitet ihr?

Übers Fernsehen, bei uns ist das nicht üblich, dass das läuft. Und ich bin halt der Meinung, der Kolja kann schon auch mal schaun, was alle Kindergartenkinder anschaun, ich weiß nicht, was da kommt, ‹Captain Sharky› oder so. Weil, von 20 Minuten am Tag wird der nicht fernsehsüchtig. Aber meine Mama meint, das ist schon zu viel. Oder über Süßes, er kriegt einmal am Tag was zum Nachtisch, und vielleicht gibt's zum Kaffee noch einen Keks, aber wenn er dann mal einen Fruchtzwerg isst, dann is des soooo ungesund, und er kriegt sofort Karies und Neurodermitis und alles! Du hast keine Ahnung, was der da alles kriegt!

Kolja *(schreit)*: Ich mag überhaupt an guaten Fruchtzwerg!

Elena: Der stirbt da nicht dran. Aber des is ein Thema, da können wir überhaupt nicht miteinander reden.

Und wer hat da das letzte Wort?

Hm. Schwierig. Manchmal setz ich mich durch. Aber meistens ist es so, dass ich dann irgendwann sag: Ja. Amen.

In ihrem Schrank stehen etwa 50 Paar Schuhe, die meisten mit sehr hohem Absatz. Sie entscheidet sich für flache Ballerinas.

Kolja bleibt beim Opa, wir fahren los.

«Vorbildfunktion! Aufrecht stehen! Brust raus!»

Auf die Anfrage beim Oberstleutnant der Offiziersschule in Dresden, ob es Offiziersanwärter gebe, die zu einem Gespräch bereit wären, wurde noch am selben Tag eine Liste mit Freiwilligen erstellt, aus der die Vorgesetzten fünf auswählten. Zum vereinbarten Termin erscheinen pünktlich in einem Besprechungszimmer innerhalb der Kaserne: drei Untergefreite (männlich) und ein Untergefreiter (weiblich). Ein Untergefreiter (männlich) kommt nicht.

Julian
19
aus Würzburg
Mutter: Anästhesistin
Vater: Mund-Kiefer-Gesichtschirurg (Klinikleiter)

Durch die freiwillige Feuerwehr, Vermissten- und Verschüttetensuche und das Training mit dem Bundeswehrhubschrauber kam er zum Fliegen, konnte es aber nicht zum Beruf machen. Jetzt wird Julian Offizier, Abteilung Fernmelder, mit einem Studium zum Wirtschaftsingenieur. Was ihn dafür geeignet macht: «Ich bleibe ruhig, wenn alle nervös werden, ich mag es nicht, mich von Emotionen überrennen zu lassen.» Er sitzt und bewegt sich während des Gesprächs ganz entspannt, er spricht im Dialekt.

Niklas
20
aufgewachsen in der Münchner Umgebung, mit 16 in den Ruhrpott gezogen
Mutter: Hausfrau
Vater: Chirurg (Chefarzt)

Niklas war American-Football-Spieler, hat Sportabitur gemacht und ist dann mit 18 zum Bund, Abteilung Infanterie (Fallschirmjäger). «Es war ein Kindheitstraum, Soldat zu werden, weil ich auf Drill steh.» Studieren will er eigentlich nicht, macht es aber «nebenher» (Maschinenbau), um bessere Chancen zu bekommen, Berufssoldat zu werden. Während des gesamten Gesprächs sitzt er breitbeinig und völlig unbeweglich da. Er spricht monoton.

Luisa
20
aus Mecklenburg-Vorpommern
Mutter: Zivilangestellte bei der Bundeswehr
Vater: 15 Jahre bei der Bundeswehr, jetzt Elektriker
Tante und Onkel sind auch bei der Bundeswehr

Die Mutter sagte: «Bewirb dich doch bei der Bundeswehr.» Erst wollte Luisa nicht, tat es dann aber doch, «weil die Möglichkeiten ausgingen, außerhalb eine Ausbildung zu finden». Sie ist in der Abteilung Fernmelder und wird neben der Ausbildung zum Offizier Pädagogik studieren. Während wir reden, überschlägt sie oft die Beine, rückt den Rock zurecht und klappert mit den manikürten Fingernägeln. Wenn sie etwas feststellt, spricht sie meist davon, «wie es halt einfach ist».

Marcel

23

aus dem Allgäu

Mutter: Heilpädagogin

Vater: Industriemeister Metall

Seit 2007 bei der Bundeswehr, erst als Wehrdienstleistender, dann verlängert, «weil es die Möglichkeit gab, bezahlt zu studieren, das war eine Vernunftentscheidung». Er ist ebenfalls in der Fernmelder-Abteilung und wird neben der Ausbildung zum Offizier Informatik studieren. Er hält während unseres Gesprächs die Beine fein beisammen und faltet und entfaltet die Hände immer wieder. Seine Haare bilden auf der Stirn eine Locke. Er siezt mich, obwohl wir ausgemacht haben, uns zu duzen.

Alle vier tragen ein hellblaues Hemd, die Männer dazu eine dunkelblaue Bundfaltenhose und schwarze Lederschuhe, Luisa einen Bundfaltenrock in Dunkelblau und schwarze, sehr hohe Pumps.

Eine Diskussion kommt nicht auf. Bis zum Ende des Gesprächs bleibt es so, dass ich Fragen stelle, die sie beantworten. Sie benutzen oft die gleichen Worte, die erkennen lassen, dass sie Soldaten sind. Sie sagen beispielsweise «in Masse» für «hauptsächlich» und bauen häufig und wie selbstverständlich Abkürzungen in ihre Sätze ein, die außerhalb der Bundeswehr nicht geläufig sind. Als Luisa sich über mangelnde Sauberkeit ihrer Stubengenossinnen beschwert, sagt sie: «Wenn man vier Mann auf der Stube ist, kann man nicht alles liegenlassen.» Natürlich ist sie nur mit Frauen auf der Stube – aber ein Wort dafür existiert im Bundeswehrjargon nicht.

Geld
Lohn: 1500 Euro netto

Euer Ausbildungsplan ist ziemlich dichtgepackt, oder?

Julian: Ja, aber wenn man gut strukturiert ist, kann man auch Zeit für sich haben. Nach dem Abi habe ich ein Jahr studiert, da hatte ich immer diese Durchhängertage. Jetzt ist alles deutlich enger vorgeschrieben, aber dadurch auch viel effektiver. Ich sehe die Organisation positiv, um vieles muss man sich nicht kümmern und hat dadurch Zeit für das Wesentliche, das Lernen.

Luisa: Klar muss man bei der Bundeswehr zurückstecken, aber man lernt, einen Mittelweg zu finden, das Private und das Dienstliche unter einen Hut zu kriegen, Grenzen zu setzen und Kompromisse zu schließen. Meine beste Freundin sitzt seit eineinhalb Jahren zu Hause und hat nichts zu tun und auch keine Lust mehr, irgendwas zu tun. Ich dagegen überlege: Was ist mir wirklich wichtig? Was muss jetzt passieren? Und was kann danach noch kommen? Viele junge Leute bei mir zu Hause haben das noch nicht gelernt.

Niklas: Mein Bruder lebt so ein studentisches Leben: Der probiert sich aus. Ich verstehe nicht, warum man das so extrem macht. Wenn ich mir seine Wohnung angucke oder sein Auto, oder wie er rumläuft, da kann ich nur mit dem Kopf schütteln. Das ist nicht mein Stil. Meiner Meinung nach kann man Soldaten und Zivilisten deutlich unterscheiden. Wir haben so einen Spruch: «Typisch Zivilist.»

Zivilisten reden andauernd. Die können nicht lange still sein. Und immer dieses Wehleiden über kleine Sachen. Das nervt mich persönlich.

Ein Soldat eures Jahrgangs hat sich das mit der Ausbildung anders überlegt – darf aber jetzt die Bundeswehr nicht mehr verlassen. Wie fühlt es sich an, für 13 Jahre verpflichtet zu sein?

Luisa: Das ist genau das, was ich immer wollte: ein Beruf, bei dem ich weiß, dass ich definitiv fest drin bin, da muss ich mir keine Sorgen um meine Karriere machen. Ich kann nicht von Änderungen überrascht werden oder plötzlich vor dem Nichts stehen und nicht wissen, was ich mit mir anfangen soll. 13 Jahre passiert das nicht, deswegen bin ich hier.

Was ist Kameradschaft?

Luisa *(monoton)*: Kameradschaft ist keine Einbahnstraße.

Niklas *(monoton)*: Kameradschaft ist nicht, wenn der Kamerad schafft.

Alle stimmen zu.

Wie bitte?

Niklas: Wir haben so Standardsprüche.

Gibt es auch Kameradschaft außerhalb der Bundeswehr?

Marcel: Kameradschaft ist so ein spezieller Fall dieses Berufsbildes, das gibt es vielleicht noch bei der Feuerwehr. Aber sonst gibt es im Zivilen nichts Vergleichbares.

Niklas: Ich kenn so eine Art Kameradschaft auch noch aus dem zivilen Bereich, dem American Football. Da haben wir auch so Sachen gemacht: Wenn man krank war, ist man trotzdem zum Training gekommen, oder wir haben Leute finanziell unterstützt, wenn die Probleme hatten. Auch wenn man einen nicht leiden konnte, aber schon zwei, drei Jahre mit ihm gespielt hat und er für einen gelitten hat, dann leidet man halt auch mal für den.

Was macht einen guten Offizier aus?

Marcel: Ein militärischer Führer muss auf alle Fälle Vorbild sein. Etwas, woran ich mich halten und orientieren kann, gerade in Situationen, in denen ich andere Sachen im Kopf habe oder nicht weiß, was ich will. Jemand, der weiß, was zu tun ist – aufgrund seiner Fachkenntnis und aufgrund der Wert- und Normvorstellungen, für die er eintritt; im Sinn der Bundeswehr oder im eigenen.

Niklas: An ganz hoher Stelle stehen Autorität und der Wille zu führen. Ganz wichtig ist auch in meinen Augen, Qualen zu erleiden, damit es den Untergebenen bessergeht. Zum Beispiel der Letzte zu sein, der Essen bekommt.

Was schafft Autorität?

Niklas: Das fängt schon damit an, wie man einen Raum betritt, wie man sich vor die Leute stellt. Man sollte dabei nicht versuchen, unauffällig zu sein, nicht leise und mit hoher oder schwankender Stimme reden. Man sollte nicht nervös an sich rumzupfen oder zusammengesackt da vorne stehen. Sondern: Vorbildfunktion! Aufrecht stehen! Brust raus! Laute Stimme und nicht um den heißen Brei rumreden.

Luisa: Um ein guter Führer zu werden, hilft es, sich die Leute anzuschauen, die momentan vor der Front stehen *(sie meint die Lehrer)* und uns führen, und wie die auf die Truppe oder den Hörsaal wirken. Im Truppenpraktikum hatten wir die Gelegenheit, uns ein bisschen selber auszuprobieren. Auch wenn wir die Rekruten nur zum Essen geführt haben oder zu einer anderen Ausbildungsstätte, wir waren da in der Verantwortung. Zugdienst, hieß das. Da musste man morgens aufstehen, sie wecken und aufpassen, dass die sich waschen und alle das Gleiche anziehen. Als ich das erste Mal in eine Stube von Rekruten kam, und die sind alle aufgesprungen und haben mir eine Meldung entgegengeschmettert, da dachte ich: Wow!, vor kurzem hast du das noch selber gemacht, und jetzt machen die das bei dir. Das ist ein ganz komisches Gefühl, daran musste ich mich erst gewöhnen. Aber es macht auch Spaß, auf der anderen Seite zu stehen.

Ändert sich was, wenn man die Führung bekommt?

Marcel: Ich hab kein Machtgefühl, wenn ich im Praktikum vor denen steh, aber ich spüre die Verantwortung. Man ist unsicher, fragt sich: Was mache ich hier? Gerade die Rekruten, das sind unbeschriebene Blätter, und man hat dieses Bewusstsein: Egal, was ich denen erzähle, die glauben das. Wenn ich sage: «Mach das so», dann machen die das so. Die wissen gar nichts!

Wie fühlt sich Verantwortung an?

Niklas: Die Verantwortung zu tragen für den Tod von Untergebenen, davor habe ich Angst. Das könnte ich mir nicht verzeihen.

Luisa: Ja, das ist eine große Last. Wenn ich den Leuten etwas befehle und die kommen nicht wieder, dann trage ich mein ganzes restliches Leben diese Schuld in mir. Ich weiß nicht, wie ich damit umgehen könnte. Das ist wie ein Kloß im Hals, wie eine Schnur um die Brust.

Niklas: Entweder man kann es, oder man kann es nicht. Und wenn man es nicht kann, dann kann man es auch nicht lernen.

Man muss also zum Führen geboren sein?

Niklas: Ja. Ich glaube nicht, dass man seinen Charakter ändern kann. Ein Mensch, der nicht führen will, der nicht gerne Verantwortung übernimmt, der sich lieber leiten lässt, den kann man nicht ändern. Man muss es wollen. Man merkt das auch in der Klasse oder im Sportverein, da gibt es immer einen, der das von Natur aus kann, der der Anführer, der Teamcaptain, ist. Das ist angeboren. Ich plane mein Leben gerne und mag es nicht, wenn ich Situationen nicht kontrollieren kann, weil ich die Abläufe nicht kenne. Ich agiere dann erst mal gar nicht, bis ich weiß, wie es funktioniert. Dann mache ich es, ohne Fehler. Darum glaube ich, dass ich zum Führer geeignet bin. Wir hatten vor kurzem drei Wochen Urlaub: Eine Woche mehr, und ich wär durchgedreht zu Hause. Es war für mich langweilig und hat mir keinen Spaß gemacht, dieses Rumgammeln und Nicht-Wissen, was man machen soll. Ich war heilfroh, als ich wieder arbeiten gehen konnte.

Was magst du am Drill?

Niklas: Man lernt seine Grenzen kennen, man spürt seinen Körper intensiver, gerade bei körperlicher Belastung. Das spornt mich total an. Die Anweisungen sind eindeutig, da ist kein Hickhack, das ist konsequent und klar.

Luisa: Man lernt, über sich hinauszuwachsen.

Drill und der stark strukturierte Alltag schaffen ja auch klare Freiräume. Wofür nutzt ihr die?

(keiner sagt etwas)

Manche Studenten haben das Gefühl, nie Feierabend zu haben, weil sich alles vermischt: Freizeit, Arbeit, Freunde, Kommilitonen. Bei euch ist die Freizeit klar abgegrenzt, wofür nutzt ihr die?

Niklas: Also ich will am Wochenende erst mal alleine sein, man hat hier ja Zweimannstuben und immerzu jemanden um sich. Wenn ich nach Hause zu meinen Eltern fahr, dann gehe ich in mein Zimmer und leg mich hin, mach den Fernseher an und will mit keinem sprechen. Halbe Stunde, Stunde abschalten, dann duschen, dann geht es wieder. Die meisten meiner Freunde studieren in anderen Städten oder haben kein Geld, mit denen kann man nichts unternehmen, und ich langweile mich am Wochenende. Die einzige Beschäftigung sind Sport und am Abend was trinken gehen. Ab Samstag freu ich mich wieder auf den Dienst.

Julian: Ich geh samstags und sonntags zur Feuerwehr. Hm, vielleicht ist das gar nicht so anders ... Am nächsten Wochenende zum Beispielt trainieren wir mit denen auf dem Truppenübungsplatz. Aber es tut gut, diese klare Absetzung zu haben: da Dienst, da nicht. Und dass man sich nicht jede Entscheidung immer wieder von vorne überlegen muss.

Luisa: Es ist schön, am Wochenende Ruhe zu haben und runterzukommen. Vorher hab ich nie verstanden, dass Leute heimkommen und nichts wollen, als auf der Couch zu sitzen. Aber jetzt hab ich das selber. Hinlegen, schlafen, aufstehen und keine Uniform. Wenn man in der Kaserne am Abend mit den Kameraden dasitzt, kommt am Ende immer alles auf das Thema Bundeswehr. Zu Hause – wenn ich nicht gerade bei meinen Eltern bin, die sind ja auch beide bei der Bundeswehr – hat keiner eine Ahnung, und ich brauch gar nicht erst davon anzufangen. Ich mag es, dann mit einer Freundin über ganz Banales zu reden.

Seid ihr zu Hause anders?

Julian: Zu Hause sagen sie immer: «Man merkt, dass du Soldat bist.» Ich will nicht ewig diskutieren und finde, man braucht keine 45 Minuten, um sich zu überlegen, was man anzieht. Bei vielen Sachen ist im Zivilen die Entscheidungsfreude deutlich geringer. Ich habe einen gewissen militärischen Anspruch: dass es läuft. Dass es vorangeht. Dass nicht rumgetrödelt wird. Dass mal die Klappe gehalten wird, wenn einer redet.

Marcel: Manches nimmt man auch gar nicht mehr wahr, z.B. wenn man automatisch im Gleichschritt läuft, oder den militärischen Sprachgebrauch mitbringt mit all seinen Abkürzungen. Man macht das nicht mit Absicht, und man versteht dann nicht, warum die anderen nicht wissen, was man meint. Man muss immer erst mal wieder ein Gefühl für das Zivile entwickeln.

Mit wem läufst du aus Versehen im Gleichschritt?

Luisa *(kichert)*: Mit allen!

Marcel *(kichert auch)*: Mittlerweile ist das besser, aber am Anfang macht man das ganz unbewusst. Man läuft da so, und plötzlich ist man im Gleichschritt, ganz automatisch.

Habt ihr manchmal das Bedürfnis, euch ein wenig von den anderen hier abzuheben?

Julian: Nein, ich fände es auch nicht vorteilhaft, hier den Paradiesvogel raushängen zu lassen.

Spürt ihr eine Wirkung der Uniform?

Julian: Nein.

Marcel: Ich hatte genau die Befürchtung, als ich zur Bundeswehr ging, dass alle in Uniform sind und gleichgeschaltet, aber das ist überhaupt nicht so. Ich denke, man erkennt die Person sogar noch mehr, weil die Schubladen nicht funktionieren. Wenn ich einen in Zivil dastehen sehe, so verlottert, dann denke ich gleich, der hat eh nix auf dem Kasten. Aber in Uniform sehen alle gleich aus, und man muss genau aufpassen, wie einer argumentiert.

Luisa: Ich krieg immer einen Schreck, wenn ich Leute nur in Uniform gesehen hab, und dann stehen sie auf einmal in Zivil da.

Alle stimmen zu, bis auf Niklas.

Niklas: Seit ich bei der Bundeswehr bin, hab ich kaum noch Zivilklamotten. Die, die ich noch habe, sind alt und abgetragen und fangen an, sich aufzulösen. Am Wochenende hab ich fast nur Joggingklamotten an. Aber ich finde, man kann auch bei der Uniform den Charakter erkennen. Ich persönlich guck mir sehr genau an, wie die Leute ihre Uniform tragen. Ob sie ordentlich ist. Vor allem beim Feldanzug, da schau ich: Sind alle Taschen STAN-mäßig gepackt? *(STAN = Stärke- und Ausstattungsnachweis, darin steht unter anderem, welche Ausrüstung für welchen Rang vorgeschrieben ist.)* Auch wenn wir im Unterricht hocken, und es drückt und ist warm unter dem Päckchen *(mit der vorgeschriebenen Ausstattung, die in der Hosentasche zu tragen ist)*, das wiegt ja auch einiges, aber das finde ich wichtig. Ich hab immer die ganze Ausrüstung dabei, auch wenn ich sie so gut wie nie brauche. Wenn ich wen sehe, der leere Taschen hat, dann frag ich mich: Will der wirklich Soldat werden? Oder Schnürsenkel, ich schaue: Steckt der die weg, oder hängen die ständig raus?

Julian: Manche bestellen sich extra Schuhe oder fangen bei dienstlich gelieferter Ausrüstung an zu diskutieren. Da denk ich mir immer: Da fehlt das Soldatische, dass einfach Anweisungen befolgt werden, ohne zu diskutieren. Dass Vorgaben eben akzeptiert werden. Bei manchen sitzt das noch nicht so fest.

Was ist Disziplin?

Niklas: Einhaltung von Regeln.

Julian: Selbstbeherrschung.

Luisa: Korrektes Auftreten.

Wofür braucht man Disziplin?

Niklas: Da sind wir ja wieder in der zivilen Welt. Da sag ich: «Mach das!» Und der sagt nur: «Nee.» Dafür braucht man Disziplin! Dass das mal läuft, sonst funktioniert ja nichts.

Julian: Disziplin braucht man für alles. Man braucht sie immer, wenn man was erreichen will. Man braucht sie nur dann nicht, wenn man sich nichts vornimmt.

Sicherlich habt ihr euch mit dem Tod und Töten auseinandergesetzt.

Julian: Zuletzt gestern Abend bei der Auster, die ich aufbrechen musste *(lacht)*. Im Ernst: Man beschäftigt sich natürlich damit, aber für mich gehört das zum Berufsbild: Wir versuchen, es zu vermeiden, aber wenn es nötig ist, dann gehört es dazu.

Wann ist es nötig?

Julian: In unseren aktuellen Auslandseinsätzen ist es ja vor allem der Selbstschutz oder der Schutz von Schutzbefohlenen. Aber in einem symmetrischen Konflikt ist es auch die Durchsetzung des Auftrags. Ich hab mir das nicht in Worten überlegt, darum kann ich jetzt schwer einen brillanten Satz von mir geben. Wenn's kommt, dann kommt's. Da bin ich relativ ruhig und wenig emotional.

Niklas: Meiner Meinung nach gibt es verschiedene Arten zu töten, gerade in der modernen Zeit. Da gibt es das klassische Töten im Nahkampf, was ganz anders ist als der Schuss mit dem Gewehr aus 100 Metern Entfernung oder der von einer Drohne, wo man nur noch Wärmesignaturen auf dem Bildschirm sieht.

Wenn man meint, man kann es, dann muss man sich damit auseinandersetzen, wenn es so weit ist. Ich würde mal behaupten, wenn man schon kein Tier töten kann, sei es ein Fisch oder ein Wild, dann kann man auch keinen Menschen töten. Ich hab geguckt: Könntest du ein Tier töten? Und: Würdest du es moralisch vertreten, einen Menschen zu töten? Wenn man dann auf ja kommt, dann muss man es darauf ankommen lassen. Menschenleben ist natürlich was wert, aber mein Leben ist auf jeden Fall mehr wert. Krieg ist ja immer eine Form von Selbstschutz: Auch wenn man der Erste ist, der schießt, schießt man, damit der andere einen nicht erschießt. Wer schneller schießt, besser trifft, der lebt länger.

Marcel: Ich glaube, man kann schwer ein Bewusstsein für den eigenen Tod bekommen, wenn man nicht in der Situation gestanden hat. Ich kann mir nicht vorstellen, da im Dreck zu liegen, durch meine Optik zu schauen und zu sagen: Ich schieße – oder ich schieße nicht. Gerade wenn man jung ist, beschäftigt man sich ja nicht gerne mit Tod, Verwundung, Verletzung. Und als Soldat – anders als als Polizist – muss man die Waffe ja nicht nur zum Selbstschutz nutzen, sondern auch, um den Auftrag durchzusetzen. Da kann man sich vorher fragen: Würde ich für die Werte, für die ich eintrete, töten? Mein Schluss war, dass mein Leben auf jeden Fall vorgeht und dass ich aber auch bereit bin, für das zu sterben, für das ich im Einsatz bin.

Den Auftrag, für den ihr eventuell sterben könntet, kennt ihr jetzt noch nicht.

Julian: Die Sache, für die man stirbt, ist in Artikel 1 und 20 im Grundgesetz mit der freiheitlich-demokratischen Grundordnung recht klar definiert.

Grundgesetz, Artikel 1

(1) Die Würde des Menschen ist unantastbar. Sie zu achten und zu schützen ist Verpflichtung aller staatlichen Gewalt.
(2) Das Deutsche Volk bekennt sich darum zu unverletzlichen und unveräußerlichen Menschenrechten als Grundlage jeder menschlichen Gemeinschaft, des Friedens und der Gerechtigkeit in der Welt.
(3) Die nachfolgenden Grundrechte binden Gesetzgebung, vollziehende Gewalt und Rechtsprechung als unmittelbar geltendes Recht.

Grundgesetz, Artikel 20

(1) Die Bundesrepublik Deutschland ist ein demokratischer und sozialer Bundesstaat.
(2) Alle Staatsgewalt geht vom Volke aus. Sie wird vom Volke in Wahlen und Abstimmungen und durch besondere Organe der Gesetzgebung, der vollziehenden Gewalt und der Rechtsprechung ausgeübt.
(3) Die Gesetzgebung ist an die verfassungsmäßige Ordnung, die vollziehende Gewalt und die Rechtsprechung sind an Gesetz und Recht gebunden.
(4) Gegen jeden, der es unternimmt, diese Ordnung zu beseitigen, haben alle Deutschen das Recht zum Widerstand, wenn andere Abhilfe nicht möglich ist.

Also würdest du für Artikel 1 und 20 sterben.

Julian: Darauf haben wir alle den Eid geschworen.

Eure Aufträge werden in der Politik beschlossen. Vertraut ihr den jeweiligen Politikern?

Julian: Die persönliche Einstellung kann man haben und alle vier Jahre versuchen, per Wahl durchzusetzen, aber wenn der Befehl kommt, dann läuft das erst mal.

Das müsst ihr ja auch unterschreiben.

Julian: Selbstverständlich.

Niklas: Man kann sich ja selbst aussuchen, warum man den Auftrag ausführt. Afghanistan zum Beispiel. Man kann da für das wirtschaftliche Interesse Deutschlands hingehen oder für die Würde der Menschen oder für die Nato, also die westliche Welt, oder wegen Anti-Terror. Kann man sich ja was aussuchen, weshalb man da persönlich hingeht. Aber machen muss man es so und so.

Wofür findest du es wichtig, dass die Bundeswehr kämpft?

Niklas: Ja, das muss sein, eine Armee kämpft ... Im Urlaub hatte ich sehr viel Langeweile. Ich bin durch die Stadt spaziert, hab mir die Leute angeschaut und überlegt: Lohnt es sich, dafür zu kämpfen? Also wenn man sich das teilweise anschaut ... Aber als ich in den verschiedenen Vierteln die verschiedenen Menschen gesehen hab, dachte ich: Ich finde diesen Durchschnittstypen, diesen Durchschnittsdeutschentypen, den ich auch schon in anderen Städten kennengelernt habe, gut. Da muss ich sagen: Doch, für den lohnt es sich zu kämpfen.

Und wie ist der?

Niklas: Ich sag mal, in der Mittelschicht angesiedelt. Eher ein ruhigerer, strebsamer Typ; geht täglich arbeiten, hat eine kleine Familie, hat ein kleines Haus, versucht nur, friedlich zu leben. Das ist für mich der durchschnittsdeutsche Typ. Der meckert nicht ganz so viel ... Obwohl, das ist momentan ein bisschen anders, da wird viel zu viel gemeckert. Aber für den lohnt es sich zu kämpfen.

Das mangelnde Bewusstsein der Bevölkerung für die Notwendigkeit zum Kampf (das haben zuvor alle vier beklagt) liegt vielleicht daran, dass sich viele gar nicht bedroht fühlen.

Luisa: Da gibt es diesen schönen Satz: «Stell dir vor, es ist Krieg, und keiner geht hin.»

Julian: ... Wird von ganz vielen gerne zitiert, und keiner weiß, wie es weitergeht. Nämlich: «Dann kommt der Krieg zu dir.»

Luisa: Richtig! Das ist es nämlich. Und das muss nach außen getragen werden. Viele Leute interessiert das nicht, sofern es nicht an die Haustür klopft.

Niklas: In Berlin am Ehrendenkmal treffen sich sogar Linksextreme und feiern in Uniform und mit Schweinemasken den Tod von deutschen Soldaten, das finde ich skandalös. In Deutschland wird Patriotismus unterdrückt. Weil viele noch ein Problem damit haben, das «Dritte Reich» zu verarbeiten. Mein Freundeskreis und ich sind der Meinung, dass das von uns weit weg ist. Es ist gut, viel darüber zu wissen und zu wissen, wie man so was verhindern kann. Trotzdem sollten wir langsam wieder stolz sein dürfen, eine Fahne am Fenster hängen haben dürfen oder einen Flaggenmast im Garten. Und sagen können: «Ich bin Deutscher, und das ist auch gut so.»

Marcel: Es gab dieses schöne Beispiel mit der Tchibo-Werbung, wo sie verschiedene Kaffeesorten beworben haben mit dem Spruch: «Jedem das Seine.» Das mussten sie zurückziehen, weil es schon mal bei irgend so einem Konzentrationslager überm Eingang stand. Man kriegt das aus dem Bewusstsein der Gesellschaft nicht raus, dass man sich schuldig fühlen muss.

Wie informiert ihr euch politisch?

Luisa: Das kommt ganz darauf an, welche Möglichkeiten du hier *(in der Kaserne)* hast. Es ist nicht immer gegeben, dass auf der Stube ein Fernseher steht. Aber zwischendurch haben wir mal eine «politische Aktuelle», da trägt jemand zu einem bestimmten Thema was vor, wie ein Referat. Und wenn ich mit dem Auto zum Einkaufen fahre, dann höre ich Radio, um up to date zu bleiben.

Welchen Sender hörst du?

Luisa: Das, was grad am besten reinkommt.

Niklas: Wesentlich sind die Vorgesetzten. Wenn was sehr wichtig ist, was uns betrifft, dann sagen die uns das, kurz vor Beginn der Stunde oder in der Pause. So kriegt man dann das Wichtigste mit.

Habt ihr das Gefühl, an dem Geschehen der Welt teilhaben zu können?

Julian: Am besten funktioniert es im Alltäglichen. Ob es der Umgangston ist, die Herangehensweise an Aufgaben oder ob man das Licht ausschaltet – wenn jeder ein bisschen was macht, verändert das mehr, als wenn sich einer zum großen Missionar aufschwingt.

Marcel: Ich denke auch, wenn man was verändern will, sollte man nicht nach dem Hohen streben. Lieber sucht man sich was Kleines, in der Gemeinde, im Freundeskreis, was man schaffen kann, das gibt dann mehr Befriedigung.

Die Armee, bei der ihr seid, wirkt aber nicht nur im Alltag, im Kleinen ...

Julian: Ja, aber das ist für mich nicht der Ansatz zur Weltverbesserung. Mein Grund, hierherzukommen, war ja vielmehr, dass ich etwas tue, was mir Spaß macht, es geht mir hier um die Tätigkeit, nicht um die große Weltrevolution.

Luisa: Indem man bei der Bundeswehr ist, kann man auch viel bewirken. Man kann auf die Meinung der anderen einwirken und eventuell auch deren Meinung, ich sag mal, abwandeln. Zum Nachdenken anregen. Durch die politische Bildung hat man hier eventuell mehr Hintergrundwissen als ein Ottonormalverbraucher.

Ich beende das Gespräch, bedanke und verabschiede mich, packe meine Sachen und kontrolliere das Aufnahmegerät. Bis ich merke, dass sich keiner rührt. Schnell werfe ich all meine Sachen in meine Tasche und stehe aus dem Sessel auf. Die vier erheben sich gleichzeitig mit mir und verabschieden sich, um rauchen zu gehen.

«Maskiert, schwarzgekleidet, Handschuhe. Ich hatte die Gasknarre in der Hand»

Patrick
20
Kleinstadt in Norddeutschland
macht eine Ausbildung im sozialen Bereich und besucht die Fachoberschule

Patrick hat drei ältere Geschwister (einen Bruder, zwei Schwestern) und lebt gemeinsam mit seiner Mutter in einer Mietwohnung. Der Vater ist vor drei Jahren gestorben.

Patrick holt mich vom Bahnhof ab, zum Gespräch gehen wir in ein Café. Erst als er die Geschichte seiner Kriminalität erzählt, bittet er mich, an einem Ort weiterzusprechen, wo uns niemand hört. Wir gehen zu seinem Lieblingsplatz an einem See.

Mein Vater war Schuhmachermeister und hat später zum Masseur und medizinischen Bademeister umgeschult. Meine Mutter ist ausgebildete Kneipp-Bademeisterin. Meine Eltern haben beide gearbeitet, bis wir Kinder kamen. Ich war von Beginn an in der freikirchlichen Gemeinde meiner Eltern.

Nach dem Realschulabschluss hatte ich gar keine Vorstellung, was ich machen will. Da hab ich gesagt, okay, mach ich ein FSJ, mach ich was Soziales, das macht sich immer gut im Lebenslauf, und dann guck ich weiter. Ich war ein Jahr im Altenheim und habe die alten Leute gepflegt. Das ist natürlich auch eine Überwindungssache, aber so wächst man über seine Grenzen hinaus.

Am Wochenende bin ich mit meinen Leuten feiern gegangen, und es hat sich irgendwie so eingeschliffen, dass, ohne besoffen zu sein, keine Party mehr Spaß gemacht hat. Das erste Mal hatte ich mir auf der Klassenfahrt in der 10. Klasse die Kante gegeben. Geraucht hab ich vorher schon. Wie mein Vater auch. Er hat aber aufgehört, kurz nachdem ich angefangen habe.

Kurz nach Beginn des FSJ ist mein Vater gestorben. Mein Bruder hat mich aus dem Krankenhaus angerufen und gesagt, dass unser Vater bald sterben wird ... Alle waren da, während ich am See saß und mich besoffen habe ... Schon lange Zeit vorher war klar, mein Vater hat einen Lungentumor. Und der Zustand verschlechtert sich. Ich habe Gott gefragt, warum er das zulässt, ich war richtig sauer auf ihn.

Ich habe mir kaum Zeit genommen, den Tod meines Vaters zu verarbeiten. Es gab Momente, in denen ich sehr traurig war. Aber es gab auch viele Momente, in denen ich einfach gar nicht daran gedacht habe. Ich habe mich verschlossen, mich immer mehr von der Familie distanziert, mein eigenes Ding gemacht und war nur noch zum Schlafen zu Hause. Ich hab mich in Alkohol und Partys gestürzt.

Dann habe ich jemanden kennengelernt, der hin und wieder mal was zum Rauchen dabei hatte. Eigentlich hatte er aufgehört, doch als ich erst mal auf den Geschmack gekommen war, fingen wir beide richtig damit an und haben uns manchmal zum Buffen getroffen.

Meine Mutter hat das von Beginn an gemerkt, sie hatte mit meiner ältesten Schwester eine ähnliche Geschichte durchgemacht, mit Pappen, LSD, die ganze Palette, das kannte sie alles. Umso größer war ihre Sorge, dass ich auch auf die schiefe Bahn gerate. Tag und Nacht hat sie zu Gott gebetet, dass ich wieder auf den richtigen Weg komme.

Als ich mit dem FSJ fertig war, war ich bei fortgeschrittenem Konsum angelangt. Und der will ja auch finanziert werden.

Das Altenheim hat mir im Anschluss an das FSJ einen 400-Euro-Job angeboten. Aber bei so einem Konsum reicht das natürlich nicht. Da hab ich angefangen, die alten Leute zu beklauen. Einfach in die Portemonnaies rein, das lag ja alles rum. Ich hatte keine Gewissensbisse mehr, irgendwas zu tun. Ich war nur darauf aus, ich brauche das, und es ist egal, wie ich mir das beschaffe. Ich hab da riesige Beträge rausgeholt.

Ich war nur noch bei meinem Kumpel zum Kiffen. Das Geld hat immer noch nicht gereicht, und dann ging es so los: Du gehst in einen Einkaufsladen rein, mit einer weiten Hose mit vielen Taschen, mit Jacke, jeden Tag 'ne Wodkaflasche, dann noch was zum Naschen, für den Fressflash nach dem Kiffen. Das war völlig normal, du gehst in den Supermarkt rein, kaufst einen Eistee für 50 Cent, und im Endeffekt hast du einen Warenwert von über 50 Euro. Wofür ein Mensch eigentlich hart arbeiten muss, das hab ich mir auf die Weise beschafft. Tagsüber war man eh die ganze Zeit breit.

Irgendwann ist die Klauerei im Altenheim aufgeflogen. Auf eine Anzeige haben sie Gott sei Dank verzichtet. Aber ich war erst mal arbeitslos. Da war ich 18.

Und dann ging's erst richtig los mit dem Konsum: Speed, Aufputschmittel. Es macht dich aggressiv, dieser Adrenalinkick, dieser Drang nach Aktivität. Ich bin dann bei einem Kumpel eingezogen, und der hat auch selber vertickt, dementsprechend wurde der Konsum größer.

Kriminalität

Aber gereicht hat es nicht. Dann sind wir auf die Idee gekommen, eine Tankstelle zu überfallen. Er hatte das schon mal gemacht und 750 Euro rausgeholt. Wir sind zu viert losgezogen, er, ich, noch ein anderer Kumpel und seine Freundin.

Wir sind mit dem Auto zu einer Tanke gefahren, einer, die ein bisschen abgelegen lag. An der Ecke haben wir gehalten, dann sind das Mädchen und ich rein. Maskiert, schwarzgekleidet, Handschuhe. Ich hatte die Gasknarre in der Hand. So was darf man ja ganz legal kaufen, aber wenn man die Knarre jemandem an den Kopf hält und abdrückt, ist trotzdem der ganze Kopf weg.

Der Verkäufer hat ganz anders reagiert, als wir es uns gedacht haben: Er hat Richtung Waffe gegriffen. Da haben wir das Ganze abgebrochen und sind raus, ohne was genommen zu haben. Ich dachte, ich mache das nie wieder ...

Aber beim zweiten Mal ist mein Mitbewohner auch mit rein. Ein Zweimeterschrank macht einen ganz anderen Eindruck, als wenn ich da stehe und noch eine kleine Frau. Er hatte überhaupt keine Gewissensbisse, er war völlig abgedämpft von Drogen ... Und das hat dann auch gut geklingelt ...

Gefängnis

Eines Tages habe ich versucht, einen Kopf zu rauchen, da wär ich fast dran verreckt, weil ich echt keine Luft mehr gekriegt habe. Ich bekam einen schlimmen Hustenanfall. Ich wurde aggressiv, weil ich konsumieren wollte und nicht konnte. Hab's durch die Nase gezogen, die hat angefangen zu bluten. Dann habe ich ein bisschen was getrunken am Abend und gemerkt, dass es mir total scheiße ging. Ich hab mich hingelegt und war mehrere Tage lang krank. Ich habe eine Woche fast dauerhaft geschlafen. Da muss Gott schon gewirkt haben. Denn danach hatte ich überhaupt keinen Bock mehr zu konsumieren. Es war gar kein Verlangen mehr da. Selbst da hat Gott mich schon bewahrt.

Dann hatte ich eine Zivi-Stelle und dachte, ich krieg jetzt mein Leben in den Griff. Mein Verstand wurde auch wieder ein bisschen klarer, und ich hab immer gedacht: «Hoffentlich kommt mir das nicht nach, hoffentlich kommt mir das nicht nach!» Aber eines Tages stand die Kripo vor der Tür. Auf der Wache ging es relativ schnell. Das ist, wie wenn jemand mit dem Vorschlaghammer auf dein Leben haut. Auf einmal ist alles vorbei.

Wir wurden in unterschiedliche JVAs verlegt. Erst mal für ungewisse Zeit. Man rennt von einem Tag in den nächsten. Es gibt Stunden, wo es dir mal gutgeht, wo du nicht so darüber nachdenkst, und es gibt Stunden, da hast du Panik.

Ich war in einer Einzelzelle, acht Quadratmeter, eine Stunde Ausgang am Tag.

Das war sehr schmerzhaft, ich habe in meinem Leben, glaube ich, noch nie so viele Tränen vergossen wie dort. Ich hatte in der Zeit keinen Gesprächspartner, da war keiner, der mir gesagt hat, was ich glauben soll. Es gab viele Momente, wo ich Panik hatte und dachte, ich schaff das alles nicht. Ich hatte immer Angst, dass was passiert. Und die Einsamkeit plagt einen. Aber einer war immer da.

Ich habe gesagt: «Gott, ich hab echt Scheiße gebaut, und das ist echt blöd ... das tut mir im Herzen leid. Ich weiß zwar nicht, was mich erwartet, ich weiß auch nicht, wo du mich hinführst, aber ich gehe meinen Weg mit dir.» Und ab dem Moment wurde alles anders.

Ich konnte die Anwesenheit Gottes förmlich spüren, als würde er auf meiner Bettkante sitzen, und er hat mich immer wieder gestärkt in der Zeit und mich getröstet.

An einem Tag hat dann der Wärter die Tür aufgeschlossen und gefragt: «Hast du Lust, den Flur zu reinigen?» Ich hab gesagt: «Na klar!» Ich konnte Gebäudereiniger werden, was eigentlich erst nach zwei Monaten geht. Im Nachhinein bin ich immer wieder fasziniert davon, wie Gott alles geleitet hat. Durch die Arbeit hat er mir Beschäftigung gegeben, und dadurch verging die Zeit schneller.

Ich habe meiner Mutter Briefe geschrieben, wie leid es mir tut und wie sehr ich alles bereue. Für meine Mutter war es eine richtig harte Zeit, die sie viel Kraft gekostet hat, denn sie hat mich nie aufgegeben und immer fest geglaubt, dass alles wieder gut wird. Dafür bin ich ihr so dankbar.

Die letzten vier Tage vor der Verhandlung war ich im Hochsicherheitstrakt. Ich hätte eine halbe Stunde pro Tag rausgekonnt, in einen drei Meter breiten Gang, videoüberwacht. Ich hatte total Panik, ich war supernervös.

Den Gerichtstermin hatte ich mit dem Mädchen zusammen, sie hat drei Jahre gekriegt, sie war noch bei weiteren Raubüberfällen dabei gewesen. Die Jungs waren später dran und wurden jeweils zu viereinhalb Jahren verurteilt.

Zu mir sagte der Richter: «Wir sehen bei Ihnen, dass Sie, wenn Sie rauskommen, Ihr Leben in den Griff kriegen.» Da hab ich gesagt: «Danke, Gott, dass du das ermöglicht hast!» Ich habe immer wieder mal überlegt, die anderen zu besuchen, aber gemerkt, dass es besser ist, getrennte Wege zu gehen.

Ich lebe wieder bei meiner Mutter und bin in der Gemeinde, in der meine Familie schon immer ist. Du spürst einfach schon, wenn du reinkommst, wie liebevoll, herzlich und fröhlich die Atmosphäre ist. Glauben ist in den Augen vieler Leute so ein Leistungsdenken: «Ich muss jetzt in die Kirche, und ich muss etwas leisten, um gut zu sein.» Dabei ist es so einfach: Wer glaubt, dass es Gott gibt und sein Sohn Jesus für alle Schuld gestorben ist, wird ein Leben haben, in dem alle Bedürfnisse gestillt sind. Für mich ist das eine Freude. Wenn andere sagen, ich geh am Wochenende feiern, geh ich sonntagmorgens auch feiern, und zwar den, der mich geschaffen hat, im Gottesdienst. Gott ist mein Fokus, das ist mein Mittelpunkt, um den sich mein Leben dreht.

Ich nehme mir Zeit für Gott. Ich stehe extra früher auf, um zu beten und in der Bibel zu lesen, weil das die Wahrheit ist. Die Antwort auf alles. Das erlebe ich jeden Tag neu. Ich bin integriert in der Jugendarbeit in einem Camp und betreue einen Jugendlichen, der Ähnliches erlebt hat wie ich. Gott hat aus dem Mist, den ich gebaut habe, einen Segen gemacht. Ich bin auch in der Lobpreisband, spiele Bass, und wir haben zweimal im Monat einen sogenannten Feierabendgottesdienst, wie eine Afterworkparty, nur halt ohne Alkohol.

Ich sehe meine Zukunft echt rosig. Ich geh jeden Morgen zur Ausbildung, und auch, wenn ich müde bin, bin ich total motiviert und geh total fröhlich in meinen Tag rein. Ich weiß, dass Gott mich gebraucht in dieser Welt, und nichts ist mir wichtiger, als Gott zu dienen.

Beziehung

Ich weiß, dass Gott einen Partner für mich bestimmt hat. Und dass er mir ihn zu dem Zeitpunkt gibt, zu dem ich bereit dafür bin. Das verstehen halt viele nicht.

Ich hatte früher auch sexuelle Kontakte und habe das auch ganz ausgiebig ausgelebt. Das war nicht richtig, ganz klar, aber umso wichtiger ist es, jetzt alles richtig zu machen. Der Partner wird nie alle Bedürfnisse stillen können, weshalb man in der Welt auch so viele kaputte Ehen oder Beziehungen sieht. Sobald der Partner den Anforderungen nicht mehr gerecht wird, neigen viele dazu, fremdzugehen, oder sie trennen sich und stürzen sich in die nächsten Beziehungen. Mit jeder weiteren verschließen sie ihr Herz immer mehr, weil die Wunden aus den alten Beziehungen nie geheilt sind. Ich finde, es ist aber eigentlich ganz einfach. Nicht ohne Grund hat Gott für jeden einen Partner vorbestimmt.

Ich habe eine Frau in der Gemeinde kennengelernt, die mich super ergänzt. Wir waren fünf, sechs Monate befreundet, und jetzt haben wir uns entschlossen, eine Beziehung einzugehen. Unser beider Fokus ist Gott, und dadurch wird es unbeschreiblich schön.

«Bleib so! Bleib so! Ich muss da jetzt 100 Bilder schießen!»

Isabella

20

Köln

besucht die Fachoberschule
modelt und fotografiert

Beim Italiener. Isabella zeigt mir Fotos auf dem Notebook. Während sie redet, fallen ihre Schultern vor ihrem Körper zusammen.

Hoffentlich adden dich jetzt nicht tausend Leute bei Facebook, ich habe nämlich gepostet, dass wir Pizza essen gehen. Normalerweise passiert das, wenn ich jemanden verlinke.

Deine Fotos machst du fürs Internet: Du fotografierst andere, die diese Bilder in ihre Profile bei MySpace oder SchülerVZ einstellen.
Angefangen hat das ungefähr vor drei Jahren. Von mir selbst habe ich schon immer Fotos gemacht, dann habe ich Bilder von einer Freundin gemacht, dann von noch einer und so weiter. Ich habe mir dann ein Stativ gekauft und mich in dieser Online-Model-Kartei als Model angemeldet und meine Bilder reingestellt. Die Mädels meinten, dass ich nicht einfach Fotos machen kann, ohne Geld dafür zu nehmen. Ich frage mich ja, warum es denen so wichtig ist, diese Bilder von sich zu haben. Ich habe auch gern Fotos von mir, aber ich würde niemals dafür Geld bezahlen. Klar, man kann sich damit im Internet gut darstellen und bekommt positive Kommentare ... Am Anfang war ich fast die Einzige, die

immer im Netz Bilder von sich stehen hatte. Jetzt wollen alle professionelle Fotos von sich. Früher reichten welche, die man selber gemacht hat, heute ist es wichtig geworden, qualitativ gute Bilder zu haben.

Die letzten Monate habe ich ausschließlich TFP fotografiert, das heißt, ich nehme kein Geld und die Models auch nicht. Ich mache das einfach für mich, und das bringt total Spaß. Weil ich nicht den Druck habe, dass die Bilder perfekt werden müssen. Am liebsten mache ich das mit Leuten, die ich schon mal fotografiert habe. Zum Beispiel mit Lena, die ist so ganz natürlich. Da kommen bei mir auch total Emotionen hoch, dass ich denke, bleib so! Bleib so! Ich muss da jetzt 100 Bilder schießen! Oder mit meiner besten Freundin Anna, die kann genau das umsetzen, was ich mag. Meistens sind meine Bilder traurig.

Was muss eine Frau haben, damit sie schön ist?
Mein Beuteschema bei Models sind volle Lippen, große Rehaugen, eine dezente Nase, lange Haare, weil ich den Wind mag in den Haaren. Am liebsten einfach offen, nicht so gestylt. Nicht so, dass alles perfekt aussieht. Nahaufnahmen mag ich gern, man kann sie aber nicht mit jedem machen. Ich mag es, wenn das Bild voll ist und wenn man im Gesicht Struktur erkennen kann. Ich mag auch Sommersprossen. Und Rouge. Ich mache meistens die Augen dunkel, die Lippen eher hell. Ich mag es, wenn die Haare ins Gesicht gehen. Ich mag das Punkige, Abgefuckte gern. Anna verkörpert das total. Ich hab ein anderes Model, das blond ist, und die lacht immer, das ist schrecklich. Die ist jetzt auch im neuen Otto-Katalog, und dort müssen die ja die ganze Zeit lachen. Der muss man das richtig austreiben. Wenn Models in die Kamera schauen, mag ich das auch nicht. Ich möchte lieber, dass das so Momentaufnahmen sind, als wäre ich gar nicht da.

Modeln

Ich persönlich habe mir das Posen beigebracht, indem ich mir Fashion-Fotos angeschaut habe, Tausende. Ich lade mir am Tag bestimmt 300 Bilder runter. Am Anfang habe ich mir die ausgedruckt und mit zu den Shootings genommen, sodass ich sie mir anschauen konnte, wenn mir nichts mehr eingefallen ist. Mittlerweile brauche ich das nicht mehr. Und kann auch den Mädels sagen, was ich gerne hätte. Mit der Visagistin, mit der ich zusammenarbeite, klappt das gut: Sie ist selbst Model und sagt den Mädels dann, was sie noch ausprobieren könnten.

Zum Beispiel bei diesem Bild, dass sich das Model so ins Gras legt, mit dem Kopf nach hinten. Die machen alles, was ich will. Ich mache als Model auch alles mit. Im Winter halbnackt im Schnee stehen zum Beispiel. Man trägt ja nie Winterklamotten. Das ist so arschkalt, dass am Ende die Füße blau sind. Aber man muss diese Stunden aushalten.

So, wie man es aus ‹Germany's Next Topmodel› kennt?

Ach, die Sendung ist doch die totale Volksverdummung. Das ist alles gelogen. Die Sachen, die die Models dort machen müssen, müssen vielleicht 0,1 Prozent der Models machen.

Modeln ist, so lange zu posen, Ausdrücke im Gesicht festzuhalten, bis der Fotograf sagt, jetzt habe ich das perfekte Bild.

Wenn ich modele, überlege ich mir meistens was. Weil ich dann auch das Styling mache, und die Fotografen finden das meistens auch gut. Auf diesem Bild hier wollte ich einen Alice-Look ausprobieren, ich habe eine gigantische Schleife genäht und die Luftballons vorgeschlagen.

Geld

«Ich bekomme 80 Euro Taschengeld im Monat, und ich verdiene mir manchmal am Wochenende mit Fotografieren noch 50 Euro dazu, aber nicht jedes. Das gebe ich komplett für Klamotten und Accessoires aus. Alles.»

Ich habe ein Problem mit ausziehen, das mag ich gar nicht. Ich würde mich nicht mal im Bikini fotografieren lassen. Nur einmal habe ich etwas angehabt, das so wie ein Badeanzug aussah. Das wollte ich eigentlich auch nicht machen, aber ich habe dem Fotografen echt vertraut, das ist mein Lieblingsfotograf.

Über mein Aussehen denke ich nicht in Zahlen nach, aber ich glaube, das liegt nur daran, dass ich nicht in so krassen Agenturen bin. Es heißt, man muss 90-60-90 haben, aber das sind eher so die Maße, die man als Victoria's-Secret Model braucht, sonst brauchst du oben und an der Hüfte weniger. Da wäre ich schon zu fett. Da müsste ich auf jeden Fall abnehmen, an der Hüfte und am Bauch. Man denkt, das ist Gelaber, und jetzt gibt es Brigitte mit den natürlichen Models. Aber Mailand wird niemals auf dicke Models umsteigen. Die Klamotten sehen halt einfach besser an diesen dürren Gerippen aus.

Also an der Hüfte bin ich wirklich nicht schlank, aber am Bauch, da habe ich 62, ich weiß wirklich nicht, wie ich da noch weiter abnehmen sollte. Und wenn ich Zahlen sehe von 58, denke ich: Wie geht das? Wie ist das möglich? Ich habe mal 'ne Zeit lang probiert, nur Hula Hoop zu machen, weil das echt 'ne schöne Taille macht, und ich will jetzt ins Fitnessstudio, aber nur, um Muskeln aufzubauen und damit alles schön straff bleibt. Viele Models essen Watte mit Orangensaft und rauchen die ganze Zeit, aber in dieser Szene bin ich nicht. Klar, ich würde auch gerne in Mailand laufen und tolle Kampagnen machen, aber ich habe ein bisschen die Lust verloren. Ich habe mich bei vielen Agenturen beworben und nur Absagen bekommen. Ich weiß, dass ich eigentlich zu fett bin. Aber ich würde niemals dafür abnehmen, das ist es mir einfach nicht wert. Früher habe ich mich dünner gefühlt, die haben mich auch alle gehänselt, Bohnenstange gesagt und so. Damit habe ich mich unwohl gefühlt. Mittlerweile fühle ich mich auf der Straße wohl; wenn ich Mädchen sehe, die so dünn sind wie ich, finde ich das auch schön.

Berufsfindung

Ich selbst modele im Moment wenig, ich habe das ziemlich zurückgestellt. Zurzeit habe ich so eine Phase, in der ich gar nicht weiß, wohin ich gehöre. Und was ich machen will später.

Meine Passion liegt echt bei der Fotografie. Ich habe das Gefühl, damit kann ich mich selbst anderen Personen widerspiegeln, meine Gefühle darstellen – das liebe ich einfach, das ist das, wo ich aufblühe, wo ich die Zeit vergesse.

Aber studieren will ich das auf keinen Fall. Ich wüsste nicht, wofür ich das studieren sollte und was mir noch beigebracht werden könnte. Ich mache alles nach Gefühl, so, wie ich finde, dass es schön aussieht.

Und ich habe Angst, dass ich da nicht wirklich Fuß fassen kann. Ich möchte halt nicht als irgend so ein kleiner Studiofotograf enden, der Passbilder macht.

Wenn ich mit der Schule fertig bin, bin ich 20. Ich habe mir vorgenommen, dann ein Jahr oder ein halbes bei einem richtig tollen Fotografen ein Praktikum zu machen. Damit ich entscheiden kann, ob ich das wirklich will oder ob es eher mein Hobby sein soll. Mir hat ein berühmter Fotograf von dem Beruf abgeraten. Er sagte, am Anfang sei es echt toll gewesen, aber mittlerweile kann er nur noch für C&A und so fotografieren.

Ich würde halt gerne mal für eine Zeitung was schießen und nicht nur für Privatpersonen. Aber ich habe keine Kontakte und weiß nicht, wie ich sie kriegen soll. Bei Facebook habe ich mein ganzes Profil auf Fotografie spezialisiert, weil ich dachte, das bringt was. Und ich habe auch Wettbewerbe mitgemacht, aber die nehmen nur Fotografen, die sie kennen.

Eigentlich wollte ich schon immer kostümbildnern oder Fotografin werden. Jetzt hat meine Mutter, die Kostümbildnerin ist, mir gesagt, dass sie das total doof findet und mir nicht raten würde, das zu machen. Weil es total stressig ist und man keine Familie aufbauen kann – und das möchte ich mehr als alles andere. Es gibt kaum Chancen, wirklich Fuß zu fassen und Geld zu bekommen.

Familie, Beziehungen

Mittlerweile habe ich die Hoffnung fast aufgegeben, dass es die große Liebe und den perfekten Mann gibt. Dann denke ich mir, so, wie meine Mama das mit mir gemacht hat, war es eigentlich auch sehr gut. Dieses Verhältnis, das ich mit meiner Mama habe, könnte man, glaube ich, niemals aufbauen, wenn man auch mit einem Vater aufwächst. Und ich fände es toll, wenn ich das mit meinem Kind hätte, dieses Alleinerziehende. Andererseits ... Ich weiß zwar, dass ich keinen Vater brauche, aber vielleicht bräuchte mein Kind einen?

In Zeiten, in denen ich mit Tim so glücklich war, dachte ich: Boa, wenn du in fünf Jahren immer noch so glücklich mit ihm bist, und dann kommt ein Baby, das wäre perfekt. Man ist eine

Familie, man gehört einfach zusammen. Das ist es, was ich mir wünsche. Diesen Mann, bei dem ich mich wohlfühle, bei dem ich keine Ängste mehr habe.

Ich habe starke Verlustängste. Deswegen bin ich auch so unglaublich eifersüchtig. Tim finde ich auch deswegen so toll, weil er kaum Freunde hat. Ich muss einfach die einzige Person im Leben meines Freundes sein. Wenn ich mit ihm Zeit verbringen will, muss er Zeit für mich haben. Ich konnte mich noch nie auf Freunde von meinem Freund einlassen. Ich habe immer Angst, dass sie mich nicht mögen.

Ich selbst hatte noch nie viele Freunde. Lange Zeit haben mir Kontakte im Internet vollkommen ausgereicht. Diese Kontakte waren nahezu perfekt. Ich habe die Leute nicht richtig kennengelernt, auch nicht ihre ganzen Macken. Seit ich elf war, bin ich in Chats unterwegs. Als Erstes war ich bei ‹chattalk.de› und hab nur mit meiner Freundin geschrieben. Aber dann haben mich andere angeschrieben: «Hi, wie geht's?» und so. Und wenn man am nächsten Tag online ging und derselbe war auch da, hat man sich wieder geschrieben. Zuerst war das ein bisschen gruselig, weil ich gar nicht wusste, wer das ist. Aber die hatten auch Fotos – damals habe ich natürlich noch nicht daran gedacht, dass man die auch fälschen kann. Mit manchen hatte ich jahrelang Kontakt, ich habe auch meinen ersten Freund in diesem Chat kennengelernt. Das war damals so, dass man erst mal im Internet zusammen war, obwohl man sich noch nie gesehen hat. Als ich ihn dann in echt gesehen habe, war er klein und dick. Wir sind spazieren gegangen, und ich dachte die ganze Zeit: Boa, mit dem kannst du doch nicht zusammen sein. Er war dann aber total lieb. Danach haben wir uns noch einmal gesehen, dann hat er Schluss gemacht, ich habe das überhaupt nicht verstanden, da ist meine Welt zusammengebrochen.

Ich verbringe immer noch mindestens fünf Stunden am Tag im Chat. Durch dieses msn ist der PC an, aber man muss nicht im Chat sein. Da kann man noch nebenbei Hausaufgaben machen, das ist ganz gut. Bei ‹knuddels.de› wird man nach 15 Minuten ausgeloggt, wenn man nichts mehr schreibt. In msn bin ich immer. Ich mache das Internet sofort nach dem Aufstehen an und direkt, wenn ich aus der Schule komme. Ich sitze dann aber nicht die ganze Zeit dran, msn oder icq ist nur an, und ab und zu schaue ich, ob ich neue Mails, Kommentare oder Fotokommentare habe.

Wenn du ein paar Tage nicht online gehst, wundern sich die anderen?

Neulich hatte ich zum Beispiel eine depressive Phase und habe mein ganzes Profil bei SchülerVZ rausgenommen – ich war zwar noch da, aber es gab keine Bilder und so mehr von mir. Alle haben mich gleich gefragt, was los ist.

Mit den meisten meiner Chat-Freunde habe ich mich auch schon persönlich getroffen, zumindest mit denen, die in der Nähe wohnen. Im Privatleben kann man der Person mehr anvertrauen, weil man sie dann ja auch real kennt und weil sich Gesprochenes nicht so dokumentieren lässt wie Geschriebenes. Beim ersten Mal treff ich mich mit so jemandem immer in der Stadt, man weiß ja nie, was das für Leute sind.

Jedenfalls habe ich, glaube ich, weil ich die Leute immer erst im Netz kennengelernt hab, jetzt auch in der Realität so einen Fehler, dass ich immer denke, die Leute müssen perfekt sein. Aber das sind sie halt einfach nicht. Zum Beispiel bei meiner besten Freundin Anna dachte ich immer: Boa, dieses Mädchen als Mann, das wäre mein Traummann. Die ist einfach perfekt. Aber dann habe ich, seit mit ihrem Freund Schluss ist, ihre andere

Seite kennengelernt. Sie hat mit irgendwelchen anderen Typen rumgemacht und total meine Illusionen zerstört. Ich hatte dann teilweise gar keinen Bock mehr, was mit ihr zu machen, weil ich dachte, das ist nicht mehr das Mädchen, das du kennengelernt hast. Meine moralische Vorstellung ist, dass man auf den Richtigen wartet und auf jeden Fall treu ist. Und sein Leben dafür opfert, dass es perfekt ist. Dass man glücklich ist, dass man gerne Zeit miteinander verbringt.

Man muss auch gar nicht unbedingt was miteinander unternehmen. Ich bin am glücklichsten, wenn man abends noch zusammen spazieren gehen kann, dann eine DVD anschaut und einfach bis zum nächsten Nachmittag nur chillt. Das ist im Moment meine Definition von Perfektheit. Das könnte ich jeden Tag machen.

Ein Mann soll für mich ehrlich, lieb, treu und aufopferungsvoll sein und trotzdem dieses Beschützerische haben. Ich will keine Angst davor haben müssen, dass er mich jeden Moment verlassen könnte. Oder dass er mich anschreien könnte, wenn ich etwas sage.

Ich konnte noch nie mit einem Freund wirklich reden. Ich habe Jungs einfach nichts zu erzählen. Nur mit meinem besten Freund rede ich ganz viel, wir telefonieren fast jeden Tag. Er ist eigentlich der perfekte Mann für mich, aber es hat einfach nie ‹klick› gemacht. Er will was von mir, aber ich habe zu viel Angst, ihn zu verlieren, wenn ich mich auf eine Beziehung einlasse und die dann scheitert.

Ich mache am Anfang, wenn ich jemanden neu kennenlerne, immer so eine Art Interview. Ich frage so Sachen wie: Hattest du mal so eine Fickphase, wo du einfach nur mit Mädchen geschlafen hast? Wenn da ein Ja kommt, ist er für mich schon gestorben. Ich frage: Hast du schon mal deine Freundin betrogen, wurdest du schon mal betrogen? Irgendwann frage ich auch, wie oft die so miteinander geschlafen haben und was die so für Sachen gemacht haben. Ich will dabei herausfinden, ob die Person zu mir passt. Ob ich das auch geben kann oder noch besser geben kann.

Wenn jemand Alkohol trinkt, finde ich das ganz schlimm. Das wäre für mich auch ein Grund, Schluss zu machen. Ich mag es einfach nicht, wenn Leute die Kontrolle verlieren. Ich selbst habe noch nie Alkohol getrunken, und mich reizt auch nichts daran.

Meine Beziehungen gehen meistens ineinander über, auch wenn ich keine Beziehung habe, gibt es immer jemanden, den ich treffe. Aber ich bin überhaupt keine Person, die einfach mit jemandem schläft, auch nicht küsst. Küssen ist für mich etwas, das man nur mit Liebe tut.

Ich gehe nur eine Beziehung ein, wenn ich denke, das ist der Mann für immer. Und dann denke ich, ich muss weiterkämpfen, die ganze Zeit, damit es für immer hält.

Am liebsten würde ich jetzt schon anfangen. Ich möchte nicht einen Mann kennenlernen und dann ein Jahr später schon Kinder haben. Sondern ihn vielleicht sechs Jahre oder so kennen, damit ich auch weiß, dass es funktioniert. Damit ich nichts unüberlegt mache. Deswegen kann ich mit diesem Rumhuren, diesem Jeden-Abend-eine-andere-oder-einen-anderen-Typen-Aufreißen, überhaupt nichts anfangen.

«Am besten würde es klappen, wenn ich meinen Arsch selbst bewegen würde»

Fabio

20

wohnt in Hamburg und ist arbeitslos

Fabio kommt eine Stunde zu spät zu unserem Treffen, aber er ruft immer wieder an und gibt Bescheid, wo er ist und dass er gleich da sei. Als er im Café eintrifft, bestellt er sich ein Bier. In seinen Sätzen lässt er «ich» oft weg.

Ausbildung

Ich habe in einem kleinen Dorf bei Nürnberg meinen qualifizierten Hauptschulabschluss gemacht. Ich wollte auf jeden Fall noch meinen Realschulabschluss draufsetzen. Ich möchte auch jetzt noch mein Abitur machen und studieren. Bildung ist der Grundstein, ohne den sich kein Geld verdienen lässt. In Franken hatte ich einen Durchschnitt von 2,6, und ich hätte mich früher auf die Realschule bewerben müssen. Mit Glück hätte es vielleicht noch geklappt. Aber erst mal sah es so aus, dass es nichts wird. Dann ist meine Mum zu ihrem damaligen Freund nach Hamburg gezogen. Mein Vater lebt auch in Franken, aber mit einer neuen Frau, vier Töchtern und einem Sohn. Da habe ich gesagt: Das tue ich mir nicht an. Also bin ich mit hier hochgezogen, als ich 15 war, und hab dann hier die Ganztagsschule St. Pauli besucht.

Dort habe ich schnell Leute kennengelernt, wir haben auch mal einen zusammen geraucht in der Pause. Ich war im Endeffekt ein bisschen enttäuscht. Nur im letzten Vierteljahr von dem Schuljahr haben wir nochmal was Neues gelernt. So habe ich mir gesagt: Was soll ich denn hier lernen? Es war egal, ob ich da war oder nicht, ich konnte den Stoff eh. Dann sah es im Endeffekt so aus, als ob ich oft hinten drinlag und geschlafen habe. Den Realschulabschluss habe ich dann ohne Lernen mit 3,0 bestanden. Wenn ich das mit dem Abitur noch schaffe und das mit dem Studium hinten dranschließe, kann ich das Mittlere-Reife-Zeugnis eh wegwerfen. Das guckt sich nie wieder jemand an.

Meine Mum ist vor eineinhalb Jahren zurück nach Nürnberg gegangen, aber ich hab schon davor die meisten Sachen selber gemacht. Sie ist Systemadministratorin. Meine Eltern haben sich geschieden, als ich acht war, mit 'ner ziemlich unschönen Trennung. Meine Mum und ich haben ein gutes Verhältnis, aber ich nehme sie nicht immer ernst.

Nach dem Realschulabschluss hast du eine Lehre zum Bürokaufmann gemacht, wie kam es dazu?

Das fiel mir so zu. Es gibt von der Stadt Hamburg und dem Versandhandel, bei dem ich die Ausbildung gemacht habe, eine Initiative. Die richtet sich vor allem an Hauptschüler, und die sagen: «Hey, Leute, wenn ihr Hilfe braucht beim Bewerbungsschreiben, kommt vorbei, wir haben auch Unternehmen, wo wir euch hinvermitteln.» Da dachte ich, wenn die uns das schon vorschlagen, dann wäre ich schön blöd, wenn ich das nicht nutze. Im Vorhinein habe ich mir aber schon selber überlegt, was ich machen werde. Der Weg zum Bürokaufmann, der war für mich klar.

Warum?

Wir leben in einer Welt, in der du das brauchst. Rechnungswesen, Regulation, Lagerwirtschaft, das sind alles Sachen, die wichtig sind, wenn man später mal ein Unternehmen haben will. In der Ausbildung habe ich was über alle wichtigen Bereiche gelernt, die es in einem Betrieb gibt. Also Vertrieb, Controlling, Einkauf, Marketing, Werbung. Das hat mir gezeigt, dass es ziemlich praktisch war – auch für mein weiteres Leben –, jetzt erst mal mit dieser Ausbildung anzufangen. Dinge wie Rechnungswesen, die kannst du immer gebrauchen! Wenn nicht für die Arbeit, dann fürs Private: Wie man mit 2000 Euro im Monat wirtschaftet. Oder auch, wie man mit Unternehmen umgeht, da kriegst du superpraktische Tipps in der Ausbildung mit. Zum Beispiel Mahnungen. Viele bezahlen immer die Mahngebühr, aber es gibt in Deutschland keine Pflicht, Mahngebühren zu bezahlen. Nur, wenn da steht: «Bitte mit Mahngebühr zahlen.»

Mir würde es definitiv nicht genügen, mein ganzes Leben lang als Substitut oder Sonstiges in einem Unternehmen zu arbeiten. Also sprich: irgendwie auf dieser unteren oder mittleren Ebene zu versauern. Ich habe persönlich so einen Drang in mir, irgendwas noch zu erreichen in diesem Leben. So, wie es in der Welt aussieht, wird es ja auch nicht unbedingt jeden Tag besser.

Was machst du im Moment?

Die Ausbildung ging bis vor eineinhalb Jahren. Ich wollte dann eigentlich direkt mit dem Fachabitur anfangen, das war dann aber so, dass ich erst kurz vor Ende gedacht habe: Oh, ich will ja Fachabi machen, und dann zur Behörde für Schule und Bildung gegangen bin. Dort sagten die mir: «Bewerbungsschluss war schon vor zwei Monaten.» Na ja, Pech gehabt. Dann habe ich mich fürs Jahr drauf beworben. Das hat auch geklappt. Vier Monate war ich auf der Fachoberschule. Aber na ja, in vier Monaten hatte ich 147 Fehlstunden. Dann bin ich abgegangen, weil ich gesagt habe, das hat für mich keinen Sinn. Ich muss erst mal schauen, dass ich das bei mir selber ein bisschen gebacken kriege. Auch in der Ausbildung und in den Schulen davor war das mit der Pünktlichkeit schon ein Thema. Da bin ich gerne mal zu spät gekommen.

Ich weiß nicht genau, woran das liegt bei mir. Ich bin einfach ein Mensch, der sagt, zehn, fünfzehn Minuten sind nicht tragisch. Das sieht die Schule anders. Dort muss man bis zur nächsten Stunde warten, wenn man eine Viertelstunde zu spät kommt. Ich habe relativ schnell gemerkt, an welchen Tagen ich da sein muss und an welchen nicht. Die wichtigen Tage habe ich dann immer gemacht, also bei Mathe und Physik war ich immer da. Aber an Tagen, an denen Wirtschaftslehre, Deutsch oder Englisch unterrichtet wurde, «ja, 'tschuldigung, ich bin beim Arzt».

Was machst du lieber, als in die Schule zu gehen?

Unterschiedlich. Also ... feiern natürlich. Das ist das Schöne an Hamburg, du kannst rund um die Uhr fast jeden Tag feiern gehen. Eigentlich gehe ich immer mit Leuten los. Ich bin kein Fan von der Reeperbahn und noch weniger von der Schanze. Zurzeit gehe ich viel auf Elektro-Partys. Das heißt: Hafenklang, Waagenbau, Fundbureau, Uebel & Gefährlich, Pudel.

Ich habe auch viel zu viel Alkohol getrunken. Manchmal habe ich eine Flasche Whiskey am Abend alleine geleert. Oft weiß ich am nächsten Morgen überhaupt nicht mehr, was passiert ist, und kann mich nur noch vage an Partys erinnern. Ich bin echt schockiert davon, wie viel Alkohol ich getrunken habe. Ich habe mich komplett kaputt gemacht. Neulich hat mir eine Freundin erzählt, dass ich am Abend davor zweimal betrunken vom Stuhl gefallen bin und sie mich früh am Morgen in der Badewanne gefunden haben. Ich konnte mich an nichts erinnern und habe in den Tagen danach gemerkt, dass ich viel langsamer denken und mir kaum noch was merken kann. Zwei Wochen später stand ich an der S-Bahn Sternschanze, und plötzlich haben sich auf den Anzeigetafeln die Wörter vertauscht. Seitdem mische ich keine Drogen mehr beim Feiern und versuche, alles in einem gewissen Rahmen zu halten.

Wenn ich sonntags feiern war, war ich montags eigentlich immer noch am Feiern. Da bin ich dann halt morgens um zehn zum Arzt, hab bei der Schule angerufen, «ich komm heut nicht mehr». Und der Arzt hat mich meistens noch bis zum Mittwoch krankgeschrieben, und dann war ich halt bis zum Mittwoch zu Hause.

Wenn du zu Hause bist, was machst du da?

PC-Spiele gehören auf jeden Fall mit dazu. Warcraft III ist das Spiel, das ich am meisten in meinem Leben gespielt habe. Warcraft III hat relativ wenig mit World of Warcraft zu tun. Warcraft III ist mehr wie Age of Empire oder so. Also ein reines Strategiespiel. Im Internet kannst du deinen Charakter zusammen mit vier Leuten spielen. Von LAN-Partys war ich noch nie so ein großer Fan. Das ist für mich so das exzessive Zocken, 24 Stunden, drei Tage lang. Das bekomme ich nicht hin. Es gibt schon oft Tage, die ich komplett verzocke. Die kommen aber selten vor. Meistens sind es so zwei Stunden am Tag.

Ich habe mir das Ganze bei mir zu Hause so eingerichtet: Bett, Fernseher, Computer. Wenn ich daddel, höre ich relativ selten Musik dazu, sondern schaue nebenbei auf N24 irgendwelche Nachrichten, oder Phoenix und 3sat, das finde ich am besten, wenn da mal was Intelligentes kommt. Ich mag Dokuserien. Das Thema ist mir eigentlich egal, wenn es eine gute Doku ist, lernt man immer was dazu, oft kommen ja auch Sachen, die man auf das Leben allgemein beziehen kann.

Ich bin auch viel unterwegs. Wenn der eine Kollege sagt, ich hab Zeit, komm vorbei, gehe ich dahin. In der Zeit, in der ich in der Schule war, habe ich ziemlich viel FIFA gezockt. FIFA 2009 auf der Xbox. Ein Kollege von mir hat einen Beamer mit einer Xbox zu Hause. Sonst habe ich rumgegammelt, bin viel in der Gegend rumgerannt, auch ein paarmal malen gewesen. Also ein Kollege von mir hat gemalt, ich bin da nur mit, so aus Langeweile. Wenn ich irgendwo sitze und nichts zu tun hab, lass ich mir von meinem Kopf irgendwas einfallen.

Ich frage mich, warum ich in letzter Zeit fauler geworden bin und nie pünktlich sein kann. Man braucht eine Linie, nach der sich Menschen richten können. Wenn man sagt, dass jeder kommen und gehen kann, wann er will, funktioniert kein Unternehmen mehr, das ist mir schon klar.

Was möchtest du als Nächstes machen?

Ich werde das Abitur auf jeden Fall machen, die Frage ist nur, wann. Jetzt suche ich erst mal einen Job. Es gibt mehrere Möglichkeiten, die eine ist, dass ich mich selbständig mache. Vor zwei Wochen habe ich mit meiner Mum zusammen einen Akupressur-Massagekurs gemacht. Die, die den Kurs geleitet hat, hat an Flughäfen in Hamburg und in München Massagestationen eingerichtet. Sie sucht aktuell Leute.

Nach dem Abi will ich BWL mit Richtung Finanzcontrolling und Investment studieren. Es hätte nicht viel Sinn, das jetzt schon weiterzuverfolgen. Ich muss erst mal was anderes machen.

Es gibt noch die Möglichkeit, dass ich auf Sylt arbeite, Handys verkaufen in einem Vodafone-Shop. Oder im Gartenbau, Gärten sauber machen, pflastern. Es ist mir eigentlich relativ egal, was ich zuerst mache. Wenn es eine Option gibt, nehme ich sie. Meine Mum kümmert sich darum. Die schaut, dass das wieder in geregelte Bahnen geht, weil sie voll die Panik schiebt. Ich sehe es ein bisschen entspannter derzeit noch. Sie hat Schiss davor, dass ich dauerhaft arbeitslos bin. Meine beiden Brüder und mein Opa machen meiner Mum schon immer Vorwürfe, dass wir damals nach Hamburg gezogen sind. Aber ich glaube, wenn ich unten geblieben wäre, wäre ich jetzt wahrscheinlich Alkoholiker.

Wenn ich mit 22 wieder mit dem Abitur anfange, habe ich auch noch genügend Zeit zum Studieren und bin dann auch nicht zu alt. Irgendwann habe ich mir mal zum Ziel gesetzt, mit 30 hätte ich gern 10 Millionen. Das wird jetzt wohl nix mehr. Aber es hätte schon funktionieren können, wenn es mit dem Abitur geklappt hätte.

Das Hauptziel für meine Zukunft ist das Studium. Aber in Vancouver. Da will ich auf jeden Fall hin. Ich bin von Kanada ziemlich begeistert. Ich liebe Snowboardfahren und will unbedingt Kitesurfen lernen, zwei Dinge, die man da supergenial machen kann. In Kanada gibt es nicht so viel Bürokratiescheiß wie hier, wenn man hier zum Arzt gehen will, muss man ja erst mal einen Wisch unterschreiben. Man kann dort viel freier leben. Afrika wäre aber nichts für mich, so ein bisschen westlichen Standard will ich schon haben.

Realistisch gesehen will ich mit 27, 28 mein Studium fertig haben. Weil, dann kommt auch noch ein zweites Studium, das speziell in den Bereich Finanzinvestment und -managment reingeht. Sprich, ein gehobenes Studium für den Direktions- und Vorstandsbereich.

Arbeitsamt

Wie mich das Arbeitsamt behandelt, ist mir scheißegal. Ich bin da einmal hin, um Arbeitslosengeld zu beantragen. Daraufhin wurde ich nochmal eingeladen, diesen Termin habe ich aber versäumt. Daraufhin wurde ich nochmal eingeladen, diesen Termin habe ich natürlich auch versäumt. Jetzt habe ich eine Sperre gekriegt, ich bekomme zwei Wochen kein Geld mehr. Da denke ich: Leute, kommt, ihr könnt eh nicht erfolgreich vermitteln. Nach der Ausbildung habe ich mich ja auch schon mal arbeitslos gemeldet. Die haben mir zwar Stellen geschickt, aber was für welche: Teamleiter! Ich habe gesagt: «Hey, ich hab grad meine Ausbildung fertig.»

Geld

Einnahmen

480 Euro Arbeitslosengeld.

Ausgaben

«Meine finanziellen Geschichten sind kompliziert. Ich habe früh versucht, aus Geld mehr Geld zu machen, und dabei ein paar Kardinalfehler begangen, die man halt nicht machen darf. Ich habe zum Beispiel mit einem Freund Autos nach Afrika verschifft.»

Ich kriege meinen Bezug noch vom Arbeitsamt, bin jetzt aber bei einem Mikropartner zur Vermittlung. Weiterdelegiert vom Arbeitsamt, weil sie gemerkt haben, sie kriegen das nicht hin. Ich muss einmal die Woche, immer donnerstags, von 9 bis 16 Uhr da sein. So richtig wie 'ne Arbeit. Wir haben Trainingsstunden, Seminare, Motivationscoaching und solche Geschichten. Und wir sollen uns, während wir da sind, auf Stellen bewerben. Sie versuchen aktiv, einen zu vermitteln. Die bekommen 450 Euro dafür, wenn sie das schaffen.

Am besten würde es klappen, wenn ich meinen Arsch selbst bewegen würde, überlegen, was sind meine Optionen, und das dann machen. Aber dazu bin ich halt zu faul. Jetzt denke ich, ich hab noch Zeit, ich genieße das Ganze gerade noch ein bisschen zu viel. Ich denke, ich muss ein bisschen aktiver werden. Ich stehe oft genug noch um 13 Uhr auf. Ich habe es mir echt angewöhnt, ein Nachtmensch zu sein. Um 20, 21 Uhr bin ich noch träge, ab 22 Uhr wird mein Gehirn aktiver, um fünf Uhr morgens bin ich komplett wach.

«Man will ja ooch nicht mehr auf der Parkbank sitzen»

«Die Flachmänner» sind eine Punk-Band aus Eisenhüttenstadt: Tobias (Bass), Sascha (Gitarre und «Schreier»), Alexander (Gitarre), Wito (Schlagzeug)

Das erste Mädchen, der erste Kuss,
Das erste Bier, das erste Mal Sex:
Wir haben uns immer alles erzählt
und gründeten eine Band.
(letzte Strophe des Liedes *Unser Ziel)*

Sascha

21

Auszubildender (IT-Systemkaufmann) bei der Telekom

Wohnt im Haus der Eltern, schläft aber meistens bei seiner Freundin. Seine Mutter arbeitet in einem Schwererziehbarenheim als Hilfsarbeiterin. Sein Vater stammt aus der ehemaligen Sowjetunion und arbeitet auf dem Bau, Diamantbohrung, Trockenlegung, «wenn denn mal ein Job kommt». Sascha hat das Wirtschaftsabitur und will nach seiner Ausbildung studieren: Wirtschaftswissenschaften auf Lehramt oder Philosophie. Dafür müsste er Eisenhüttenstadt verlassen.

Tobias «Oile»

21

Elektriker im Stahlwerk

Tobias ist in einem Dorf in der Nähe von Eisenhüttenstadt aufgewachsen, die Familie hat Hühner, Enten und Kaninchen. Seine Mutter ist Altenpflegerin, der Vater IT-Systemelektroniker. Tobias ist vor einem Jahr mit seinem Bruder, 29, nach Eisenhüttenstadt gezogen, seine Freundin lebt mit ihrer Mutter gleich nebenan. Sascha und er kennen sich aus der Schule.

An einem Sonntagnachmittag holt Sascha mich vom Bahnhof ab, wir fahren zum Band-Proberaum. Es geht über Kopfsteinpflaster zwischen Fachwerkhäusern hindurch an eine idyllische Flusspromenade. Ich wundere mich etwas, weil ich ein anderes Bild von Eisenhüttenstadt im Kopf hatte.

Sascha: Meine Freunde und ich wohnen in den Platten, da hinten. Hier wohnen eher ältere Menschen. Obwohl, eigentlich wohnen überall in Hüttenstadt Ältere, auch in den Platten ...

Zu den Platten fahren wir nicht – da gäbe es nichts zu sehen, sagt Sascha –, dafür aber ins Industriegebiet. Dort war der alte Proberaum seiner Band, noch immer ist dort der Treffpunkt der Punk-Szene. Das Areal besteht aus eingezäunten Parzellen mit niedrigen eingeschossigen Containern, die als Büros, Werkstätten oder Schuppen genutzt werden. Auf den verwilderten Flächen dazwischen liegen alte Autoreifen, Tonnen, Bierflaschen und Müll.

Sascha: Die Szene ist nicht groß, etwa 20 Punks kommen hier nachts her, saufen, sagen: «Arbeit is Scheiße», und machen Müll. Wir ham da ooch mitgemacht. Sind tagelang im Proberaum geblieben, Proben wurden zu Konzerten, wir ham im See unten gebadet, gesoffen ... Aber irgendwann wollten wir, dass es weitergeht. Wir sind umgezogen, ins Stahlwerk.

Wir fahren weiter, zum «Zentrum», auf dem Weg zählt er wie ein Tourguide die Läden auf, die an uns vorbeiziehen: Kaufland, Real, Marktkauf, Jeans Fritz (eine verlassene Tankstelle und einen leerstehenden Häuserblock lässt er aus), Praktiker, T-Shop.

Sascha: In dem T-Shop mach ich meine Ausbildung, da hab ich ziemlich in die Tonne gegriffen. Aber ich wollte eine Grundausbildung. Meine Eltern können mir ein Studium nicht bezahlen, drum lern ich was, damit ich das später finanzieren kann.

Wir kommen durch die – wie Sascha sie nennt – «kulturelle Straße» mit Theater ...

Sascha: ... Ich war vor kurzem in Macbeth mit meiner Freundin, die Deutschlehrer waren auch noch da, sonst war's leer ...

... Buchladen, Stadtbibliothek ...

Sascha: ... eher für die ältere Generation, so ab 40 ...

... Rathaus und Springbrunnen. Alles sieht unberührt aus. Menschen sind nicht unterwegs, wir fahren weiter zum Stahlwerk, zum neuen Proberaum. Die Betonsäule mit dem EKO-Schriftzug am Eingang des Geländes ist denkmalgeschützt.

EKO

steht für «Eisenhüttenstadt Kombinat Ost». 1950 beschloss die SED den Bau des Hüttenwerks und der zugehörigen Wohnstadt, später «Stalinstadt». Es entwickelte sich mit zeitweise über 16000 Mitarbeitern zum wichtigsten Stahlwerk der DDR. 1994 wurde es mit teils öffentlichen Mitteln saniert und von der Treuhandanstalt verkauft. Heute heißt das Werk ArcelorMittal Eisenhüttenstadt und gibt rund 2500 Menschen Arbeit.

Sascha: Ich hab's auch versucht, die Jungs versuchen's alle, hier reinzukommen. Arbeit is hier nur EKO.

Der Proberaum liegt im ehemaligen Betriebsratsgebäude, dahinter: Parkplätze, der Beton von Gräsern durchbrochen, Brachland. Ein Stückchen weiter ragen die Schlote der Hochöfen in den Himmel. Die Band probt im Keller. In ihrem Raum stehen ein altes Sofa, ein Kühlschrank, Wasserkocher, Toaster, eine Packung Cornflakes und zwischen Instrumenten und Bildschirmen ein Grill.

Sascha: Die Band ist das Einzige, was mich hier hält. Wir machen das seit drei Jahren, unser Motto ist: Wir nehmen alle Angebote an. Kiste Bier, Schlafplatz, und wir sind da. Wir hatten Konzerte in Eisenhüttenstadt, Frankfurt Oder und zwei in Berlin. Mittlerweile sind wir so, dass wir sagen, wir wollen auch Geld, für die Fahrt zumindest. Das ist so ein Ausgleich zum Alltag. Man geht arbeiten, Musik machen ist zum Runterkommen. Wenn ich für die Band Texte schreibe, finde ich es eigentlich auch ganz schön, mal ein bisschen platt zu bleiben, also so, wie ein normaler Bürger sprechen würde. So typisch Onkelz-mäßig, Tote-Hosen-mäßig.

Er spielt eines ihrer Lieder am Laptop vor, es ist eher rockig:

Willst du in Freiheit sterben
oder in Ketten leben?
Es ist nicht immer leicht, den richtigen Weg zu gehen
wo doch so viele daneben liegen.
Hab keine Angst, ich bin bei dir
ich bin dein Herz und dein Verstand.

Freizeit

Tobias: So richtige Orte zum Treffen gibt es nicht mehr, jetzt, wo man erwachsen wird. Man will ja ooch nicht mehr auf der Parkbank sitzen. Früher hat man das Kulturzentrum gehabt, das hat Konzerte gemacht, da konntest du dich treffen. Das hat zugemacht. Oder nicht zugemacht, aber des Angebot für unser Alter ist weggebrochen, das ist jetzt eher für kleinere, zwölf, dreizehn Jahre. Und dann gab es das «Café Olé», das hätte man früher einen «Punkschuppen» genannt. Das war ein kultureller Treff, mit regelmäßigen Konzerten und ordentlich was los.

Aber dann gab es ein, zwei Vorfälle, nach denen die das «Café Olé» dichtgemacht haben. Plötzlich wussten ungefähr 100 Jugendliche nicht mehr, wo sie hinsollen. Der neue Treff war dann hinten bei den Proberäumen. Da haben wir auch einen Raum bekommen. Aber da gab es das Problem ... na ja, manche sind dann assi geworden. Die haben dann den ganzen Tag Alkohol getrunken und Drogen genommen. Ich mein, ich trink auch gern mal 'n Bier *(lacht und hält seine Bierflasche hoch)*, sieht man ja. Aber es gibt noch andere Dinge wie Arbeit zum Beispiel, Zukunft *(rülpst und entschuldigt sich)*.

In Ziltendorf hatten wir 'nen Jugendclub. Den gibt's auch noch, aber der hat so gut wie gar nicht mehr offen. Also von fünf bis um acht hat der offen, das ist dann so gedacht für Schüler, die können da Hausaufgaben machen. Da geh ich nicht mehr hin. Eigentlich alle, die ich kenn, gehen da nicht mehr hin.

Sven zum Beispiel, der aus Berlin kommt, der will immer was machen. Machen heißt bei dem aber immer Geld ausgeben. Und früher war bei uns was zu machen: an die Bushaltestelle setzen und mit den Leuten quatschen. Der Anspruch war nicht so hoch. Jetzt muss man eine Runde Billardspielen gehen – haste schon 'nen Zehner dagelassen. 'ne Runde in 'ne Kneipe, auch 'n Zehner. Geh mal ins Kino, noch einer. So 'ne Dinge kosten ja alle Geld. Aber wir fahren eine halbe Stunde und sind im Grünen und können uns da hinsetzen und zelten. Wir haben so viele Seen, da kannste im Sommer baden gehen. Das ist ein Vorteil hier.

Sascha: Oder mal mit Kumpels treffen und quatschen, zu Hause. Wir sind Gott sei Dank alle arbeitstätig, dann hat man sich auch was zu erzählen. Zum Weggehen sind wir nicht so der Typ. Vielleicht mal auf ein Konzert oder mal was mit der Freundin essen, ganz ruhig. Wir sind auch noch besoffen, natürlich, am Wochenende sitzen wir zusammen und trinken unser Bier, aber wir haben alle unsere Freundinnen und legen halt Wert darauf, dass alles geordnet ist irgendwo. Oder zumindest probieren wir jeder für sich, sein Leben in den Griff zu kriegen.

Arbeit

Tobias: Das EKO heißt ja richtig ArcelorMittal Eisenhüttenstadt GmbH, das ist ein Betrieb, der Flachstahl produziert. Ich bin Elektriker und bei der Instandhaltung. Also ich bin dafür da, dass die Anlage immer produzieren kann. Da geht es ziemlich rau zu. Es ist sehr dreckig alles, besonders am Hochofen, mit dem Koks, das ist sehr staubig, das kannst du gar nicht sauberhalten. Lärm gibt es natürlich ooch, die Maschinen sind richtig laut, ist ja 'ne Fabrik sozusagen. Ich hab Ohrstöpsel, Ohropax, sonst hältste das nicht aus. Der Staub is da hinten *(zeigt zu den Hochöfen)* auch in der Luft, aber ich bin ja im Kaltwalzwerk, an der Beize Tandem eingesetzt. Da ist vor allem der Säuregeruch sehr verbreitet. Man riecht es, aber so schlimm is es nicht. Was schlimm ist, is der Säurestaub. Der lagert sich ab, auf den Maschinen und so. Der is nicht richtig giftig, aber fasst sich eklig an, sehr feinpulvrig. Man kann den abwaschen wie Sand, aber dann hat man zwei, drei Tage lang gelbe Hände von der Säure.

Das ist nicht an der ganzen Anlage, nur an einem Abschnitt von fünf Metern hinter der Anlage, und ich hab Handschuhe an.

Das Schlimmste an der Arbeit ist das Aufstehen. Ich fang meistens so um sechse an, ich bin nur in Frühschichten eingesetzt, und da fahr ich spätestens um halb sechs los und zieh mich dann dort um. Zu meinen Sachen gehören ein Helm, Arbeitsschuhe mit Stahlkappen und ein Blaumann. Das haben wir alles hier. Meine Schicht geht bis halb zwei, dann is Feierabend. Dann geh ich noch duschen und dann nach Hause. Ich wurde von der Lehre unbefristet übernommen, aber wegen der Wirtschaftskrise hatte ich keinen richtigen Platz, da haben sie alle erst mal irgendwo hingesteckt, die wollten die Leute halten, die brauchen sie ja zukünftig. Ich arbeite jetzt Kurzarbeit.

Warum hast du die Ausbildung gemacht?

Tobias: Ich selber wollte Abitur machen. Aber mein Papa hat mich dazu getreten, eine Ausbildung zu machen. Und dann habe ich gehört, dass ich da 500 Euro verdiene, das hat mich eben doch gereizt.

Ich würd sagen, hier ist so 'ne Ruhrpott-Mentalität, so arbeiten gehen und alles sehr einfach, sozusagen. Ich mag's eigentlich. Ist jetzt vielleicht bisschen doof zu sagen, aber ... mir kommen zum Beispiel immer in Großstädten die Leute arroganter vor als hier, hier sind die Leute auf dem Boden geblieben.

Die Ausbilder haben einen schon in die Schranken gewiesen, natürlich waren sie Arschlöcher, aber im Nachhinein warste dankbar für die Zeit, die haben einem was beigebracht, das war nicht immer leicht, ich würd sagen, das ist wie mit den Eltern: Das is nich immer einfach, aber trotzdem dankt man denen.

Die Angst is natürlich da, am Ende alleine zu sein. Gerade zwischen 20 und 28 is hier in Hüttenstadt 'n Loch, weil viele jetzt wegen dem Studium abhaun. Also es ist schon ziemlich leer geworden. Vor ein paar Jahren waren hier mehr Leute, die ich kannte. Man merkt plötzlich, man hat mehr Zeit für sich.

Sascha: Ich werd zum Studieren wegmüssen, aber in Berlin will ich kein Kind großwachsen sehen. Dann komme ich lieber wieder zurück.

Jetzt hab ich gemerkt, mir reicht es, wenn ich so nebenbei mit den Jungs Musik machen kann, wenn ich schreiben kann und Lehrer werde. Mir ist es wichtig, den Leuten mal wieder Werte zu vermitteln. Pünktlichkeit zum Beispiel. Man braucht das, um ein geregeltes Leben zu führen, um mit sich selbst ins Reine zu kommen, um zu merken, was wichtig und unwichtig ist, um Position zu beziehen. Ich war auch an der Humboldt-Universität, weil ich auch ein Buch schreib, ein philosophisches. Darin geht es um Egoismus. Alles ist Egoismus. Meine Meinung ist, der Grundegoismus, das Grundbedürfnis ist Überleben. Auch wenn man jemanden liebt, oder sich einbildet, dass man wen liebt, macht man das aus Egoismus, weil man diese Nähe braucht. Egoismus ist halt ein Begriff, der sehr negativ behaftet ist – aber nichts Negatives ist, das ist was ganz Normales.

Das Manuskript habe ich dem Philosophen da, also dem Professor für Philosophie, zugeschickt, und der hat mich dann eingeladen, und ich bin hin. Wir haben uns unterhalten, er hat mir die Fehler aufgezeigt, Aussagenlogik und so. Ich bin ja kein Fachmann, ich dachte bloß: Ach, das kannste ooch, und hab des da hingeschickt. Er fand interessant, dass es so was noch gibt. Ich hab darüber hinaus auf mich aufmerksam gemacht, weil ich ja an der Humboldt-Uni irgendwann mal studieren will. Von daher versuch ich dann schon, meine Connections aufzubauen. Halbe, dreiviertel Stunde ham wir da gesessen, das war schon irgendwo 'ne Ehre.

Sascha: Das ist definitiv wichtig, aber so als junger Mensch muss man sich erst mal selber finden, und ich denke mal, so wirklich politisches Engagement kommt erst später, wenn man richtig im Arbeitsprozess drin ist. Und dann merkt man: Ach was, da soll was gekündigt werden? Und das betrifft vielleicht auch mich, und dann fängt man an, den Politikern zuzuhören. Aber so in jungen Jahren ... Früher wurde man ja in der DDR dazu gezwungen, heute ist es so, dass man gar nichts mitkriegt, wenn man nicht will. Musst ja nicht. Wird in der Schule ja auch kaum angesprochen. Agenda 2010 zum Beispiel. Frag mal wen, hat mich auch nie interessiert. Interessiert mich jetzt ooch noch nicht wirklich.

Glaubst du, du kannst etwas bewegen, gesellschaftlich?

Sascha: Das is immer 'ne Gruppenarbeit. Dazu bin ich intellektuell nicht fähig, da hab ich nicht genug Hirnmasse, dass ich so ein Genie bin und was bewegen kann. Ich hab auch nicht die Möglichkeiten. Erst mal muss ich ja für mich selbst und meine Familie sorgen. Dann kann ich in größeren Maßstäben was machen.

Das ist jetzt vielleicht zu romantisch gedacht, aber wenn ich was bewegen kann, dann, wenn ich vielleicht ein Buch veröffentliche irgendwann. Oder mit der Band. Wir wollen die Jugend hier rankriegen mit den Konzerten, alle mal ein bisschen vereint, dass mal wieder was los ist.

Über Größeres hab ich mir noch keine Gedanken gemacht, vielleicht kann ich als Lehrer Meinungsbildner sein.

Hier in Hütte ist es ein Problem mit dem Rechtsextremismus. Die fallen nicht auf, aber diese Leute sind da, auch auf dem Stadtfest, aber keiner macht das Maul auf. Wir sind mal eine ganze Nacht rumgelaufen und haben rechte Wahlplakate abgerissen.

Familie

Tobias: Hm ... also die Band macht mich glücklich und meine Freundin. Is ja verständlich irgendwie ... Arbeit macht mich auch glücklich. Wenn ich drei Wochen zu Hause sitze, komm ich mir komisch vor. Ich hab das gerne so geregelt, ich plane auch gerne.

Ich will noch ein paar Tage, ein paar Jahre so mein Leben genießen. Aber so Mitte 20, so 25, 26, wär o.k. für Familienplanung. Meine Freundin will auch heiraten, wenn alles gutgeht. Ich weiß nicht, was ich davon halten soll. Ich brauch nicht unbedingt auf Papier stehen haben, dass ich jetzt mit der und der zusammen bin. Ich sag mal, das merk ich ooch so. Deswegen ist Heiraten für mich eigentlich Schwachsinn. Der letzte Satz heißt ja: «Bis dass der Tod euch scheidet», aber heutzutage, wie oft scheiden sich denn Leute? Langsam brauchen die Leute nicht mehr heiraten, weil sie sich eh nicht dran halten.

Wenn beide Seiten kämpfen, kann man für immer zusammenbleiben. Meine Eltern haben es ja auch geschafft. Man soll bloß nicht so egoistisch sein. Die meisten wollen immer nur ihr Ding durchsetzen und wundern sich dann, warum die Frau abhaut.

Sascha, du hast dir das Wort «Vanitas» auf den rechten Unterarm tätowiert, warum?

Sascha: Weil alles vergänglich ist. Im ersten Moment macht's Angst, aber wenn du das durchlebt hast, weißt du, dass es gut war. Alles geht immer so lang, wie es eben geht. Ich mach mir nur dann ein Tattoo – deswegen sind die, die ich habe, auch etwas größer –, wenn ich damit auch in 20 Jahren noch was anfangen will. Ich will mir dann sagen können: Das war mal, und so haste mal gedacht, das sind so Erinnerungsstücke ... Das sind so Leitfäden. Und das ist für mich definitiv 'ne Sache, Vergänglichkeit, die ist nicht vergänglich.

Das andere Tattoo auf deiner Schulter ist ein Schriftzug: «Solange mein Herz schlägt.»

Sascha: Das ist jetzt auf Musik bezogen. Aber ich hab hier mit Absicht noch was freigelassen ***(er zeigt auf die freie Stelle auf seinem Oberarm, unter dem Tattoo)***, da werden dann, wenn ich Kinder habe, definitiv die Namen von meinen Kindern hinkommen.

«Und dann will man sich interessieren und weiß nicht wie»

Esther

21

Berlin

jobbt in einem Café und bei einer Taschenschneiderin

Esther wohnt zusammen mit ihrem Freund im Prenzlauer Berg in einer kleinen Altbauwohnung. Wir sitzen im Wohnzimmer, auf dem Sofa liegen bunte Kissen, ein Teddy und das Sams hocken nebeneinander auf der Lehne. Auf dem Boden liegt ‹Der Spiegel› mit dem Titel zur Love Parade in Duisburg, daneben stehen ein Laptop und ein Radio; an der Wand hängen Postkarten aus der ganzen Welt.

Eigentlich wollte ich direkt nach dem Abi in Berlin studieren, hab mich aber nicht genug gekümmert, darum bin ich vor einem Jahr einfach so hergekommen, weil mein Freund hier wohnt. Wir sind seit vier Jahren zusammen, kennengelernt haben wir uns auf einer Jugendreise. Ich hab mich gleich wohlgefühlt hier, obwohl ich ab und zu das Gefühl hab, man müsste in Berlin anders sein oder auffallen. Aber wie?

Im letzten Jahr hab ich ganz viel gemacht: genäht, in drei oder vier Cafés gejobbt, auf dem Weihnachtsmarkt, im Reformhaus ... Dabei habe ich ganz viel gelernt. Einmal hab ich zum Beispiel keinen Vertrag bekommen und auch ganz lang mein Geld nicht, bis ich mit der Polizei gedroht hab. Oder bei der Wohnung hier wurde keine Ablesung gemacht und dann wusste ich den Zählerstand nicht und musste mehr Strom zahlen.

Manchmal werden meine Eltern von Nachbarn in ihrer Siedlung gefragt, ob es sie stresst, dass ich nicht direkt nach dem Abi angefangen habe zu studieren. Meine Eltern sagen dann: Esther studiert das Leben.

Ich verstehe mich total gut mit meiner Familie. Meine Eltern und meine Schwester, sie ist 17, wohnen in Bergisch Gladbach bei Köln, noch in dem Haus, in dem ich aufgewachsen bin. Das Haus hat ein ausgebautes Dach, einen Wintergarten und einen kleinen Garten. Meine Eltern waren früher ziemlich öko. Die Wand im Wohnzimmer ist bemalt, das Sofa ist ganz bunt, und wir hatten, bis ich 13 war, keinen Fernseher. Mein Papa ist Grundschulleiter, direkt in unserer Siedlung, meine Mama Realschullehrerin etwa 20 Minuten entfernt. In der Siedlung wohnen vor allem Familien mit Kindern, meine Freunde kamen auch alle aus der Nachbarschaft. Ich hab mit 14 zum ersten Mal gemerkt, dass es auch Menschen gibt, deren Eltern nicht zusammen sind und die kein eigenes Haus haben. In der Siedlung gibt es kaum Wohnungen, und in denen, die es gibt, wohnen oft Leute, die nicht aufs Gymnasium gehen. In meinem Umfeld war alles immer heil und schön.

Geld
Einnahmen
Kindergeld: 184 Euro
Eltern: 150 Euro
Nebenjobs: 400 Euro
Ausgaben
Miete: 300 Euro
Essen: 150 Euro
Zugticket nach Köln: 110 Euro hin und zurück

Wenn ich was entscheiden muss, frage ich immer meine Eltern. Die wollen mich nie zu irgendwas drängen und sagen dann immer: «Das spricht dafür, das spricht dagegen.» Ich frag dann:

«Könnt ihr mir nicht einfach sagen, was ich machen soll?» Und die sagen, das muss ich schon selbst entscheiden. Is ja toll! Ich kann machen, was ich will, aber ... Ich zweifel auch oft noch nach der Entscheidung, ob sie gut war.

Zum Beispiel beginne ich jetzt zu studieren, Deutsch und politische Bildung auf Lehramt fürs Gymnasium in Potsdam. Obwohl ich seit der 10. Klasse wusste, was ich machen will, hab ich lange überlegt, wo und wie. Ich bin mir immer noch nicht sicher. Auch nicht mit dem Ort. Vielleicht doch lieber in Köln bei meiner Familie? Ich hab mich sogar an beiden Unis eingeschrieben. Ich hab das Gefühl, ich müsste mich jeden Tag neu entscheiden. Aber ich dachte, ich kann es jetzt nochmal ausprobieren. Wenn ich es nach einem Jahr schrecklich finde, weg zu sein, dann brech ich halt ab und zieh zurück.

Politische Bildung möchte ich studieren, weil ich es wichtig finde, Bescheid zu wissen – und das bisher selbst gar nicht tue.

Der ‹Spiegel› hat vor einiger Zeit in einer Titelgeschichte deine Generation «Krisenkinder» genannt. Empfindest du dich als «Krisenkind»?

Nein, überhaupt nicht. Wenn ich nicht absichtlich an all das Schlechte denke, dann leb ich in einer total tollen Welt. Man kann einkaufen gehen, hat Essen und Trinken. Ich finde nicht, dass man spürt, dass man in einer Krise aufwächst. Zum Beispiel diese ganz schlimme Finanzkrise, davon hab ich gar nichts mitbekommen, außer durch den Fernseher oder das Radio. Ich musste nichts einsparen oder auf irgendwas verzichten und konnte trotzdem nach Indien fahren.

Ich fühle mich eher so, als ob ich im Stress aufwachse. Je älter ich werde, desto mehr stresst mich mein Umfeld, also die Gesellschaft. Ich bin gerade mit der Schule fertig, und am liebsten soll ich jetzt schon alles für die nächsten 50 Jahre entscheiden: für die Rente sparen, Bausparen, selbst beim Lehramtsstudium soll ich schon wissen, in welchem Bundesland ich später mal arbeiten will. Den Druck bekomme ich nicht von meinen Eltern, aber von diesem Allgemeinen, was man so hört: Man findet keinen Job, ist zu alt, wird nicht mehr genommen, ist für immer arbeitslos, so was. Man darf sich keine Fehler leisten, das ist anstrengend. Unsere Lehrer haben uns in der Schule empfohlen, BWL zu studieren, das sei im Kommen, oder Physik und Mathe, das würde auf dem Markt gebraucht. Ich hab mich da nie informiert, weil ich schon wusste, was ich möchte. Aber sogar mein Deutschlehrer hat gesagt: «Deutschlehrerin? Mach das nicht!» Als ich klein war, wollte ich immer Kamerafrau werden, aber diese Richtung würde ich mir jetzt gar nicht mehr zutrauen. Das ist ja so ein künstlerischer Beruf, da hätte ich schon Sorge, dass man nichts kriegt. Trotzdem hab ich keine Angst, im Alter arm zu sein. Irgendwie ist das so weit weg, mir vorzustellen, später kein Geld zu haben. Meiner ganzen Familie geht es gut, und in Deutschland bekommt man auch genug Geld, um gut zu leben.

Im ‹Zeit›-Feuilleton wurde deiner Generation vorgeworfen, unpolitisch zu sein. Wie erlebst du das?

Man hört oft, dass sich Jugendliche nicht mehr für Politik interessieren. In den Fällen, die ich kenne, interessieren sich eigentlich alle dafür, finden aber keinen Anfangspunkt. Wenn man die Zeitung aufschlägt, sind da fünf Politikernamen, die man nicht kennt, die man nicht zuordnen kann, oder Fachbegriffe, die man nicht versteht. Und dann will man sich interessieren und weiß nicht wie. Bei mir wurde in der Schule komplett versäumt, einen Anschluss zu vermitteln. Ich möchte das jetzt studieren, aber wenn ich mir nicht selbst Sachen durchlese und versuche reinzukommen ... Ich verstehe auch bei den Nachrichten viel nicht. Man wird da als junger Mensch gar nicht rangeführt.

Vieles empfinde ich auch als aggressiv und provokativ: So ist es! Ihr seid schuld! Das sind die Feinde! Wir sind so! ... Als ob das so wäre.

Fühlst du dich gleichberechtigt?

Ich hatte von klein auf nie das Gefühl, dass ich als Frau benachteiligt werde. Meine Eltern sind beide Lehrer, und ich kenne es nicht, dass der Mann erst abends um sieben nach Hause kommt. Mein Vater ist zum Mittagessen immer zu Hause gewesen, meine Mama auch.

Und wer hat gekocht?

Meine Mama. Mein Papa arbeitet recht viel und hat noch einen Chor, meine Mama macht alles: Sie wäscht, sie kocht, geht einkaufen. Aber die macht das alles total gerne, sie ist nicht genervt davon. Sie hat nur eine halbe Stelle, Papa arbeitet dafür viel mehr. Manchmal hilft mein Papa und saugt. Wir waren sehr verwöhnt. Wenn wir wollten, haben wir mal den Tisch abgeräumt, aber es gibt ja Familien, die sagen, Kinder müssen auch mal die Spülmaschine ein- oder ausräumen. Das finde ich eigentlich sehr gut, meine Schwester und ich mussten das nie machen.

Ich kann mir gut vorstellen, schon vor Ende des Studiums Kinder zu kriegen, vor 30, weil ich auf jeden Fall Kinder will, auch gerne drei oder mehr. Eine Familie zu haben ist mir wichtiger als ein karrieretoller Job. Ich nehme mir nicht vor, mit Anfang 20 ein Kind zu kriegen, aber ich hätte da keine Panik, und meine Familie steht hinter mir, die könnte auch mal helfen. Gesunde Kinder zu haben, ist mir das Wichtigste im Leben. Ich würde auch was anderes arbeiten, wenn ich das nicht verbinden könnte.

Aber ich habe das Gefühl, von einer jungen Frau wird erwartet, dass sie erfolgreich ist oder zumindest auf eigenen Beinen steht. Meine Mama war sieben Jahre im Mutterschutz und hat sich um uns gekümmert, und nur der Papa hat verdient, das finde ich nicht schlimm. Da war sie auf ihn angewiesen. Das könnte ich mir auch für mich vorstellen. Ich persönlich fühle mich nicht benachteiligt, aber man sieht ja schon oft im Fernsehen, dass Frauen in vielen Bereichen viel weniger verdienen als Männer, und es wirkt immer noch komisch, wenn der Vater zu Hause bleibt oder das Kind vom Kindergarten abholt.

Infolge des ‹Zeit›-Artikels hat sich eine Debatte entsponnen. Die Gegenseite sagt, deine Generation sei sehr wohl politisch, allerdings fände die Rebellion auf neuen Wegen statt. Zum Beispiel im Internet statt auf der Straße.

Also ich weiß nicht ... Ich hab jetzt noch nie demonstriert, ich weiß nicht, ob es was bringt ... Ich schätze schon, weil, man zeigt ja seine Meinung. Aber irgendwie bin ich da nicht so ... drinne. Ich kenn keinen, der demonstrieren geht. Vielleicht, weil ich aus diesem kleinen Dorf komme, wo es keine Demonstration gibt. Wogegen will man da demonstrieren?

An diesem Wochenende gibt es zum Beispiel eine große Demo gegen Atomkraft ...

Ah ja, da hab ich einen Flyer bekommen, gegen so was, da würde ich schon hingehen. Ich muss zwar am Wochenende arbeiten, aber vielleicht gehe ich davor oder danach, wenn es passt mit dem Arbeiten. Früher, das klingt immer so toll, da sind die alle auf die Straße gegangen, und dann ist da was passiert, aber das ist ja nicht mehr so. Es ist ja nicht mehr in allen Nachrichten und allen Zeitungen, wenn man auf die Straße geht, das hat sich ja total verändert. Ich glaube, Demonstrationen haben nicht mehr so einen großen Effekt wie früher. Aber ich glaube auch, wenn ich wen kennen würde, der da voll dabei ist und euphorisch sagen würde: «Hey, komm, lass uns hingehen!», dann würde ich da schon mitgehen. Aber ich hab da nicht so einen Anschluss, so konkret.

Ich würde gerne ändern, dass es nicht so viel Armut auf der Welt gibt, aber ich wüsste jetzt gar nicht, wo ich da anfangen soll. Man hat so Gedanken, was man ändern will oder was einem nicht passt, aber dann hört man irgendwelche Zahlen, dass so und so viele Millionen dafür investiert werden, und weiß nicht, ob das zusammenhängt oder ob man das Geld nicht lieber für was anderes anwenden könnte ... Ich schicke jetzt erst mal einem Kinderheim in Indien, das wir auf der Reise besucht haben, die Fotos, weil die ja sonst keine Fotos von sich haben. Da hat man dann den Eindruck, dass man was Gutes macht. Obwohl ich auch glaube, dass man vieles nur tut, um sein Gewissen zu beruhigen. Aber ich glaube, wenn ich älter werde, weiß ich besser, wie ich etwas Gutes machen kann.

Es ist so komplex, und dann entscheidet man sich vielleicht, bei der Flutkatastrophe 70 Euro zu spenden. Und dann hört man, es kommt sowieso nicht an. Oder: Ich kaufe gerade sehr viele Bioprodukte, aber dann sehe ich eine Reportage im Fernsehen, und da zeigen sie, dass eine Bio-Firma den Regenwald abholzt, um da Ölpalmen zu pflanzen, und dann weiß ich wieder nicht, was richtig ist.

Man macht immer hier so ein bisschen, da ein bisschen, dann wieder nichts ... Deswegen hoffe ich, dass ich, wenn ich Lehrerin werde, im Praktikum oder Auslandsjahr nach Indien gehen kann, damit ich einen persönlichen Bezug hab und dann was hinschicken kann. Also vielleicht kann man kleine Hilfen geben.

Weil, komplett die Welt verändern kann man ja nicht.

«Ich und Schatzi, wir sind richtig gut! Zusammen gegen die»

Melanie
21
Berlin
macht eine Ausbildung zur Bürokauffrau in einem Fliesenunternehmen
Aufgewachsen in Lichtenberg in einer Dreiraumwohnung
Vater: arbeitet als Versicherungsvertreter («fast 24 Stunden am Tag»)
Mutter: unterstützt den Vater bei Büroarbeiten und geht einmal die Woche in Kaufhäusern Schmuckvitrinen putzen

«Bar/Café 24» hieß der Laden. Das war mal ein Dönerladen und eher so nützlich eingerichtet, mit Fliesen. Wir waren eine Clique und jedes Wochenende da, weil es billig war und wir unsere eigenen Lieder in der Jukebox spielen konnten. Kenan und Sinan haben da gearbeitet und ich dann teilweise auch. Das Geld gab es bar auf die Hand, das fand ich cool, aber es waren unter drei Euro die Stunde. Einmal musste Sinan in die Türkei und hat mich gebeten, seine Vertretung ein bisschen einzuweisen. Ich war tierisch lustig drauf und hab den, der da dann kam, richtig fett angeflirtet. Ich glaub, wir haben an dem Abend schon ein bisschen rumgeknutscht, aber mir war das zu schnell ... Na ja, zum Abschied gab's 'nen Zungenkuss. Danach war ich ziemlich oft da.

Zu der Zeit war Schatzi eigentlich Student in Rostock, die Vertretung hat er nur gemacht, damit er bei seinem kranken Papa sein kann. Wir konnten uns immer nur in seinen Schichten sehen. Tagsüber musste er schlafen und sich um seine Familie kümmern. Wir waren auch mal im Treptower Park oder sind mit dem Auto zusammen zum Bäcker gefahren. Aber eigentlich war es nur 'ne Ladenbeziehung, immer nachts, wenn er gearbeitet hat, und er wollte das nicht. Er wollte nicht, dass ich da im Laden mit irgendwelchen Typen abhäng. Dann ist es in die Brüche gegangen.

Na ja ... Dann hab ich jemand anderen kennengelernt. Weil ich es hasse, alleine zu sein, war ich zu dem anderen ziemlich aufdringlich und penetrant. Aber es hat nur zwei Wochen gehalten, und ich war nicht traurig, als es vorbei war. Da hab ich Schatzi eine SMS geschickt: «Was machst du denn grad so?» Ich hab überhaupt nicht damit gerechnet, dass 'ne Antwort kommt, aber es kam eine. Dann haben wir immer so weitergetextet, und irgendwann sind wir die Warschauer Straße langgefahren, haben Cola getrunken, sind spazieren gegangen, haben gequatscht ... Und haben uns immer öfter getroffen. Irgendwann hab ich gesagt, ich würde gerne mal deine Eltern kennenlernen. Da war ich aufgeregt! Was soll ich mitnehmen, hab ich gedacht und an der U-Bahn noch nach Blumen geschaut und irgendeinen Topf genommen. Der Papa war im Krankenhaus, nur die Mama war zu Hause. Wir haben uns freudig begrüßt, aber sie kann nur Türkisch. Es war nett, aber wir verstehen uns halt nicht.

Meine Eltern hatten was gegen ihn. Die haben ihn nur einmal kurz gesehen und waren nicht gerade nett zu ihm, sehr reserviert. Deswegen konnten wir uns nicht bei mir treffen. Wir hatten also nur draußen, und bei schlechtem Wetter sind wir manchmal in die Wohnung eines Kumpels von ihm. Unten ist da ein türkischer Laden, da hat er immer Süßigkeiten geholt, und die haben wir dann genascht. Das war vor eineinhalb Jahren. Ich hatte immer so ein bisschen Streit mit meinen Eltern und wollte raus. Als sie beim Campen waren und ich sturmfrei hatte, haben wir im Internet eine Wohnung gesucht. Von der Miete her konnten wir uns die hier leisten, und ich fand die toll und Schatzi auch. Das alles hat drei Tage gedauert, da haben meine Eltern noch gecampt. Aber ich glaube, sie haben es geahnt. Bei Real hatte es nämlich einen billigen Staubsauger gegeben, und ich hab versucht, den an der Küche vorbei in mein Zimmer zu schmuggeln, aber sie haben es gesehen. Und ich hab noch nie gerne gesaugt. Sie mussten es akzeptieren, wir hatten ja schon den Mietvertrag unterschrieben. Direkt danach sind wir eingezogen. Die erste Nacht haben wir auf Matratzen und ganz vielen Decken auf dem Boden geschlafen.

Es war noch gar nicht richtig eingerichtet, da liegen wir im Bett, und er erklärt mir, dass er in zwei Monaten in die Türkei muss, sein Aufenthaltsstatus läuft aus. Na ja, die einzige Möglichkeit bestand darin, ihn zu heiraten. Wir haben sämtliche Sachen durchüberlegt, aber es gab sonst nichts, ihn offiziell hierzubehalten. Das war der nächste Schocker für meine Eltern. Am 15. August sind wir eingezogen, und am 16. September war die Hochzeit. Schatzi musste den ganzen Papierkram machen, weil ich immer erst um 18 Uhr von der Ausbildung zu Hause war, und da hat keine Behörde mehr auf.

Unsere Hochzeit war auch ziemlich skurril. Haare wollte ich mir selber machen, ein Kleid hatte ich mir schon besorgt. Bei so einem Araber an der Sonnenallee, zwischen einem Dönerladen und einem türkischen Bäcker. Da hing mein Kleid auf der Schaufensterpuppe, ich hab knapp 100 Euro gezahlt. An dem Tag haben wir uns einen Smart von Robben und Wientjes gemietet, den musste er holen, weil ich meine Frisur nicht hinbekommen hab und dann hier in der Straße von Frisör zu Frisör gerannt bin, aber alle waren schon voll. Um 11.20 Uhr mussten wir da sein, und um neun bin ich noch hier rumgerannt. So eine Azubine hat sich dann erbarmt, ich hatte ein paar Spangen mitgebracht, und sie hat mir den Schal in die Haare gewebt. Als wir dann zu Hause loswollten, haben wir bemerkt, dass wir noch einen Blumenstrauß brauchten. Wir sind zum S-Bahnhof vor, und ich hab gesagt: «Ich brauch 'nen Strauß!» Die meinte: «Aber nicht 'nen Brautstrauß, das kann nicht Ihr Ernst sein!» Ich hab gesagt: «Machen Sie nur ein paar Rosen zusammen.» Die Verkäuferin hat uns noch gewünscht, dass unser Leben nach der Hochzeit nicht genauso chaotisch weitergeht. Meine Eltern waren schon vor mir beim Standesamt, wir mussten noch einen Parkplatz finden. Seine Eltern waren nicht dabei, aber ein Kumpel von ihm. Unser Lied war von Richard Clayderman, *Ballade Pour Adeline.* Das Standesamt hat so eine Love-Song-Liste mit Liedern, die sie vorrätig haben. Wir hatten das im Internet rausgesucht, und ich hab es in mein Handy eingespeichert, um es der Standesbeamtin zu sagen. Das haben sie dann während der Trauung die ganze Zeit in Schleife abgespielt.

Ich fand das alles ganz lustig, sie hat da ihre Wörter erzählt, und für uns hat die Ehe ja teilweise eine andere Bedeutung. Es hatte ja schon damit zu tun, dass er hierbleibt. Sie hatte so einen Aufhänger, da waren die Ringe drauf, die haben wir uns angesteckt und dann da unterschrieben. Ich musste mir zwischendurch das Lachen verkneifen und erinnere mich gar nicht mehr dran, was sie genau gesagt hat. Nach höchstens einer halben Stunde war es vorbei. Meine Mutter hat fotografiert, mein Papa auch und der andere Kumpel auch. Danach sind wir zu meinen Eltern gefahren und haben zu Mittag gegessen: Pommes mit Chicken McNuggets, weil, Schweinefleisch geht ja nicht, und dann Pfirsichkuchen. Da haben meine Eltern ihn eigentlich erst richtig kennengelernt, seine Eltern kennen sie bis heute noch nicht.

Mittlerweile haben meine Eltern ihre Meinung ihm gegenüber geändert. Gegenüber Türken nicht, aber ihm gegenüber auf alle Fälle. Wir machen auch manchmal Spiele-Abende, Rommé, in Zweierteams. Ich und Schatzi, wir sind richtig gut! Zusammen gegen die.

Seine Mutter trägt ein Kopftuch, aber ich brauch es nicht zu tragen. Steht mir auch nicht, wir haben das mal ausprobiert, ich sah total bescheuert aus. Er hat auch gesagt: «Um Gottes willen, mach das bloß nicht!»

Als Hochzeitsreise sind wir dann noch mit dem Smart spazieren gefahren. Warschauer Straße, Treptower Park, an der Mauer entlang zum Speicher. Dann mussten wir das Auto wieder abgeben und sind zu seinen Eltern, nochmal Kuchenessen. In der Nacht musste er wieder arbeiten gehen.

Tagesablauf

«Unser Alltag ist nicht so richtig organisiert wie bei einer ordentlichen Hausfrau. Schatzi arbeitet jede Nacht, von 23 bis sieben Uhr, dann fährt er heim. Um sieben Uhr verlasse ich das Haus und gehe zu meiner Ausbildung, früh sehen wir uns gar nicht. So gegen 12, 13 Uhr mittags geht er ins Bett. Ich arbeite bis 17 Uhr und bin um 18 Uhr zu Hause. Er schläft dann meistens noch, aber nicht mehr lange *(lacht laut)*. Unser gemeinsames Leben findet im Bett statt. Ich leg mich zu ihm, wir essen ein bisschen was, schauen fern, er versucht zwischendurch immer nochmal einzupennen.»

Ich bin stolz drauf: Ich bin verheiratet! Ich hab das, was sich andere erst später aufbauen. Ich wollte das schon früh haben, alles fest geregelt: Job. Mann. Familie. Und dann kann man leben. Ich hab keine Lust auf irgendwelche Enttäuschungen oder Katastrophen. Ich will alles in geregelten Bahnen haben, und dann soll das laufen. Von manchen wurde ich bemitleidet: 20 und schon verheiratet, als ob irgendwas gestorben wäre, aber ich fand's cool. Es fühlt sich sicherer an seit der Hochzeit.

Jetzt geh ich kaum noch weg. Ich war mal mit einer Freundin, aber das macht nicht so Spaß ohne ihn, ich häng ziemlich an ihm. Zeit für uns beide, mal Weggehen, Kino, das fehlt uns. Wenn ich bei meinen Eltern bin und weiß, er ist zu Hause, dann werde ich ganz unruhig. Weil wir nur so wenige Stunden zusammen haben. Ich würde mir eine Tagesschicht für ihn wünschen, das wäre für uns beide erträglicher. Er hätte Dönerfahrer werden können und morgens die Spieße zu den Buden bringen können, das wäre die Chance gewesen, da hab ich mich eigentlich schon drauf gefreut, aber das hat nicht geklappt. In dem Laden jetzt, ich glaub, das geht auf Dauer nicht gut. Wenn ich ihn sehe, dann will ich ihm nicht nur beim Schlafen zuschaun.

Gefühlsmäßig und wenn ihn Sachen bedrücken, sagt er es meistens nicht so. Das schiebe ich auf die andere Kultur und darauf, dass er schon immer auf sich gestellt war und alles mit sich selbst ausmachen musste. Ich denke immer: Wenn Probleme da sind, dann sind wir eine Gemeinschaft und zusammen da, um die zu klären. Auch wenn seine Mutter krank ist, die gehört dazu. Als sein Vater gestorben ist, hat Schatzi den Job von ihm übernommen, sich um sie zu kümmern.

Ich war nur einmal in der Türkei, touristenmäßig. Aber da war ich noch klein, ich hab noch Badeanzüge getragen und mir den Magen verdorben.

Manchmal frag ich mich, warum der sich für 'ne Deutsche entschieden und keine Türkin genommen hat? Die hätte das, wie er sich sein Leben so vorstellt, mehr intus. Dagegen bin ich so ein Wirbelsturm. Ich glaube, er stellt sich das Leben ruhig vor, will umsorgt werden, manchmal ein bisschen mehr aufgeräumt ... Ich komm ja nach Hause und lass alles liegen. Er hat ja nichts gemacht, Stulle auch nicht, hab ja ich für ihn gemacht, und dann müsste ich das auch wieder aufräumen. Aber ich wurde vorgewarnt von einem Kumpel von ihm: putzmäßig, das muss die Frau machen, da ist er durch die Mama verwöhnt. Er ist manchmal genervt von meiner Art, wenn ich ihn aufwecke. Ich hab oft eher zu gute Laune.

Aufwachsen

Bis zu meinem 14. Lebensjahr hat meine Oma auf mich aufgepasst, die kam immer aus Storkow, an der Grenze zu Polen. Meine Oma hat alles gemacht, wozu meine Eltern keine Zeit hatten: Schlitten fahren, rausgehen … Das Ritual, wenn ich bei ihr war, war immer Baden, dann wurde ich in eine Decke aufs Sofa gepackt, hab meine Stullen gekriegt, kleine Stückchen mit Bananen drauf, ich hatte einen kleinen Piekser, damit konnte ich sie aufspießen. Und um 18 Uhr kam immer Domischowski, der Eismann, dann lagen schon 50 Cent bereit, und ich hab zu ihm gesagt: «Ich will das Eis so blau wie der Himmel» … das war schon eine schöne Zeit bei Omi. Ich hatte damals erst eine Baby Born und dann zwei. Seit meiner Kindheit träum ich von Zwillingen, ich red meinem Körper schon immer gut zu. Wir planen auch Kinder, aber erst mal die Ausbildung fertig haben und ein Jahr Joberfahrung. Sonst ist es ja schwierig, wieder einzusteigen.

Arbeit

Knapp vor Pumpe, als ich aus der Schule raus bin, dachten wir, wir könnten beim Jobcenter was abgreifen, dass die was vermitteln. Aber die haben gesagt, werden Sie sich erst mal klar, was Sie überhaupt wollen. Dabei war mir das egal, ich wollte einfach eine Ausbildung. Ich hatte keinen großen Interessenbereich. Klar, Sachen, die man gerne macht, Fotografieren oder so, aber ob man das dann unbedingt im Job machen will? Ich wollte eine Ausbildung, fertig! Ich brauch irgendwann 'nen Job, um Geld zu bekommen. Und dafür brauch ich 'ne Ausbildung. Der Job soll vor allem sicher sein. Interessantes suche ich mir in meiner Freizeit. Dann ist dem Fliesenunternehmen, bei dem ich jetzt bin, die Auszubildende abgesprungen, und ich hab den Platz bekommen. Ich rechne fest damit, dass sie mich übernehmen, ist ja auch leichter, als wenn du dir danach noch einen Job suchen musst.

Geld

Einnahmen

Lohn: 504 Euro netto

Kindergeld: 184 Euro

«Am Wochenende mach ich nebenbei auf Veranstaltungen nachts Standwache, passe auf, dass die Putzfrauen sich nicht bedienen. Buch mitnehmen, Füße hochlegen, paar Stunden absitzen, das ist schön. Manchmal muss ich auch Karten abreißen am Einlass oder einen Block bewachen. Kongresshalle, Olympiastadion, Wuhlheide, Tempodrom, O_2-Arena, das sind so die gängigen Orte. Wenn ich Zeit und Lust habe, jeden Samstag, meist vier Stunden, dafür bekomme ich 100 Euro im Monat.»

Ausgaben

letzte große Anschaffung: Nokia C6 mit Touch, ist grade neu rausgekommen, 289 Euro («ich bin Nokia-Fetischist»)

Miete: 207 Euro

Strom: 18 Euro

Fitness-Center: 18,50 («hab ich vergessen zu kündigen, geh aber nicht hin»)

Führerschein (über die letzten Monate verteilt): 2500 Euro

«Ich hab sauviel Müsli, kann ich was von deiner Milch haben?»

Jonas

21

lebt seit einem Jahr in Hamburg

studiert Umwelttechnik im 3. Semester

Jonas empfängt mich in seiner WG, seine Dreadlocks hängen weit über den Rücken. Er bittet in sein kleines Zimmer, wo wir uns auf das Sofa unter dem Hochbett setzen. Das Zimmer ist dekoriert mit Zeichnungen von Jonas' Vater und ihm. Die Motive stammen vor allem aus den Bereichen Landschaft und Tierwelt.

Anfangs sind wir zu Fuß mit Jutebeuteln losgegangen. Irgendwann haben wir gemerkt, es geht auch auf dem Fahrrad, obwohl das Containerte sehr schwer ist. Es sieht schon toll aus, wenn ich einen Rucksack habe, der prallgefüllt ist, zwei Jutebeutel an jedem Lenker, und meine Mitbewohnerin hat den ganzen Fahrradkorb voll. Zu Hause wissen wir immer gar nicht, wohin mit dem ganzen Zeug. Oft ist das Erste, was wir machen, ein Milchshake, weil wir sonst Bananen zum Beispiel einfach nicht verbrauchen können. Im Frühling war das enorm, da war die obere Abteilung der Mülltonnen einmal voll mit Erdbeeren, original verpackt ... Erdbeeren ohne Ende! Ein paarmal habe ich auch eine Avocado rausgeholt, sehr geil.

Andere haben das richtig professionell aufgezogen, die kommen mit riesigen Körben und Einweghandschuhen und laden im Akkordtempo alles ein. Es gibt aber immer Kollegialität an den Containern: Man sitzt da, sortiert seine Sachen und merkt, man hat zig Äpfel, die man gar nicht alle braucht, der andere hat dafür zu viele Orangen, und dann fragt man: Willst du tauschen? Ja, gerne. Oder: Ich hab sauviel Müsli, kann ich was von deiner Milch haben?

Das erste Mal Containern war eine Spontanaktion. Ich war auf einer Chorprobe mit Freunden meiner Mitbewohnerin, gesungen wurden mittelalterliche Choräle, die mir richtig ans Herz gegangen sind. Nach der Probe fragte ich einen, der containert, wo er das eigentlich macht. Er hatte schon in die Chorprobe richtig geile Öko-Müsliriegel und Obst mitgebracht, alles containert. Er sagte, eigentlich sei es genau auf dem Heimweg, wir könnten vorbeigehen, wenn ich will.

Am ersten Abend ist mein Kumpel in die Mülltonne geklettert und hat die Müllsäcke rausgereicht. Wir hatten gar nichts zum Tragen dabei, ich wollte mir das eigentlich nur mal anschauen. Ich habe Joghurt und Cassis-Sirup rausgeholt. In einem Sixpack war eine Flasche ausgelaufen, und anstatt die anderen fünf Flaschen abzuwischen, haben sie die einfach weggeworfen ... Das war bei Alnatura, dem Markt, der als kleines Lädchen angefangen hat, der Öko-Erfinder schlechthin, und jetzt zu einer Supermarktkette wurde, was eh ein bisschen komisch ist. Und sie werfen Sachen weg, die noch frisch sind, die man noch essen kann.

Seit diesem Abend gehe ich regelmäßig los, immer mit meiner Mitbewohnerin. Ich merke recht schnell, ob eine Mülltonne gut ist oder nicht, wenn ich sie öffne. Um tief reinzugreifen, muss ich mich schon überwinden, weil ich mich nicht total dreckig machen will. Teilweise ist auch Verschnitt drin, Kohlrabiblätter oder so. Man merkt von der Haptik recht schnell, ob es feucht und schon ein bisschen matschig ist. Aber wir haben bisher nie eine Mülltonne vorgefunden, die richtig schimmelig war. Das geht auch gar nicht, die haben ja jeden Tag was zum Wegwerfen.

Edeka macht das ganz toll, die haben vier blaue, teilweise randvolle 120 Liter Tonnen, in denen nur Brot drin ist. Das Brot wird also nicht durch Obst oder Restmüll feucht und kann nicht schimmeln. Die machen es sogar so luxuriös, dass sie Papierschichten zwischen süße Teilchen und normales Brot legen. Auch da ist es so, dass sie offenbar kaum etwas vom Vortag verkaufen, sondern einfach alles wegschmeißen. Samstagabend ist es optimal, weil da die ganzen Brötchen vom Wochenende in den Containern liegen. Der Jackpot ist, wenn montags ein Feiertag ist. Jackpot heißt mehr Teilchen, also Gebäck. Wir decken so unseren Brotbedarf und haben unseren Lebensstandard sogar heben können. Wir würden sonst nie Teilchen essen.

Es gibt einen Verhaltenskodex unter Containerleuten: Du findest den Ort vor, du nimmst dir Sachen raus, und es ist einfach nur respektvoll und korrekt, den Ort so zu hinterlassen, wie du ihn vorgefunden hast oder selbst vorfinden möchtest, nämlich sauber. Es wird alles aufgeräumt. Wenn ich fertig bin, schau ich nochmal, leuchte alles mit der Taschenlampe ab, und wenn es in Ordnung ist, geh ich. Ich wische auch Sachen auf, die ausgelaufen sind. Dieses Nach-mir-die-Sintflut-Denken gibt es dort nicht.

Wir versuchen nicht vor halb zehn hinzugehen. Früher waren die Mülltonnen bei Alnatura nicht abgeschlossen. Sie standen auf dem Hinterhof, wo man einfach hingehen und sie aufmachen konnte. Da kann man noch nicht mal mit Hausfriedensbruch argumentieren, weil das offen zugänglicher Raum ist. Aber ziemlich bald haben sie einen Verschlag gebastelt, mit einem Dach und einem Tor, in den man aber noch reinklettern oder die Tür aushebeln konnte. Das ist schon wieder grenzwertig, weil man an Eigentum geht, das der Eigentümer physisch erkennbar unzugänglich gemacht hat. Weil es so einen halblegalen Charakter bekommt, ist es besser, man geht containern, wenn der Laden zu hat und es dunkel ist, damit man nicht gesehen wird. Wir haben dann eine Taschenlampe dabei, und abends sind einfach weniger Leute da. Jetzt gibt es Vorhängeschlösser an den Mülltonnen, wo wir immer waren, und auf den neuen Mülltonnen von Alnatura steht jetzt drauf: «Abfälle der Klasse 3, nicht zum Verzehr geeignet». Den Verschlag obenrum haben sie vergittert, sodass man gar nicht mehr rein kann. Somit gibt es gerade auch kein Frischobst oder -gemüse von Alnatura. Wir wurden gesehen, aber nie angesprochen. Wenn wir Leute sehen, gehen wir meistens, das ist uns zu riskant. Und ich will da auch nicht auf Biegen und Brechen rein, ich will nur, dass sie ihren Müll preisgeben und ihn nicht wegschmeißen. Ich will da ja nicht einbrechen.

Der Freund meiner Cousine ist Anwalt und meinte, ich soll einfach zum Marktleiter gehen und fragen, was das soll. Ich habe auch gerüchteweise von einem Kumpel gehört, dass die eine Abmachung mit einem Markt getroffen haben, der Vorhängeschlösser mit zwei Schlüsseln an den Müll hängt, einen für den Markt, einen für meine Freunde. Das habe ich mich aber noch nicht getraut.

Herkunft

Mein gesellschaftliches Engagement und mein Interesse für Umweltschutz haben viel mit meiner Erziehung zu tun. Ich bin in Südhessen aufgewachsen, in der Nähe von Darmstadt. Das ist eine sehr schöne Gegend, sehr ländlich und ruhig, jedoch in der Nähe großer Städte, wo was los ist. Es ist ein bisschen nervig, dass an den Hängen – wir wohnen am Rand des Odenwalds – vor allem die Bonzen wohnen, weil es eine super Lage ist. Das sieht einfach protzig aus.

Ich liebe meine Eltern. Sie sind anthroposophisch angehaucht, ein bisschen alternativ, aber nicht so klischee-öko mit Birkenstock. Früher gab es bei uns eine Getreidemühle zum Müslimachen. Müsli ist eine sehr prägende Erinnerung. Ich wurde mit Leinenwindeln und in Schafsfell gewickelt. Meine Mutter hat ihr Tragetuch selbst geschlungen. Es war alles eine schöne Balance. Mein Vater war in seiner Jugend eher so der Hippie-Typ, meine Mutter Kommunistin. Er ist Künstler und Maler, sie arbeitet als Ergotherapeutin mit Schwerpunkt Kunsttherapie. Ich habe von früh an gelernt, dass auf respektvolle, diskursive Art und Weise jeder zur Sprache kommt. Das schafft gegenseitiges Vertrauen und eine super Atmosphäre.

Meine Eltern haben mich recht früh nach Österreich zum Wandern mitgenommen. Wir waren immer im Sommer in der Hütte einer Freundin meiner Eltern. Das größte Luxusgut dort oben waren eine Toilette, fließend kaltes Wasser und Strom. Wenn wir es warm wollten, mussten wir Holz hacken. Das hat so einen Spaß gemacht! Abends sind wir zurück nach Hause gekommen und haben den Ofen angemacht. Ich habe das später auch mit Kumpels und Freunden weitergelebt. Wir sind viel draußen unterwegs gewesen, auch vor unserer Haustür, im Odenwald. Einige Tage lang haben wir im Wald gepennt oder Fahrradtouren nach Frankreich gemacht.

Ich glaube daran, dass alles zusammengenommen, die Natur auf der Erde und das Sonnensystem, vielleicht sogar das Universum, mehr ist als die Summe der einzelnen Teile. Wenn man das erleben will, muss man rausgehen, im Wohnzimmer kann man das nicht. So was macht Spaß und erfüllt mich mit Freude. Auch beim Laufen habe ich oft ein Dauergrinsen auf dem Gesicht, das ich nicht mehr wegbekomme. Sehr direkt war es auch, als ich mit einem Freund einige Wochen in einem Nationalpark in Italien gewandert bin. Man muss sich Wasser an Quellen holen, und wir sind immer fünf bis sechs Tage lang nur in den Bergen gelaufen, solange das Essen reichte. Danach mussten wir absteigen, um Essen zu holen, und sind dann wieder hoch. Das sind einfach Sachen, die mag ich. Ich habe meinen Zivildienst in einem Naturschutzzentrum im Schwarzwald gemacht. Ein knappes Jahr lang habe ich auf über 1000 Meter gewohnt und gearbeitet. Das war einfach geil. Der Bund hat mich auch sehr gereizt, wegen des körperlichen Drills und der Disziplin. Ich mag meinen Körper, und ich mag auch, ihn zu nutzen. Ich finde es ästhetisch schön, definierte Muskeln zu haben, aber ich mag nicht, wenn man die Muskeln nur um ihrer selbst willen hat. Wenn man sie nicht hat, um sie zu gebrauchen, wie ein Leichtathlet oder Kletterer, dann finde ich sie überflüssig. Und Drill und Disziplin und körperliche Fitness kann ich auch haben, ohne mich erniedrigen zu lassen. Das wäre im Bund passiert.

Das, was man in der Natur sieht, sollten wir schützen, aus Selbsterhaltung und Respekt. Der Natur ist es scheißegal, was wir tun. Aber wenn wir so weitermachen, wird sich die Erde verändern, vielleicht so weit, dass es bald keine Menschen mehr gibt. Die Natur wird uns mit Sicherheit in irgendeiner Weise überleben.

Wie ist es in deinem Alltag ablesbar, dass du die Umwelt schützt?

Man könnte das fast schon einen Tick nennen. Ich versuche, Strom zu sparen, wo es geht. Ich stelle zum Beispiel den Durchlauferhitzer für Warmwasser in unserer WG auf eine bestimmte Gradzahl ein, weil es ja total idiotisch ist, Wasser auf 60 Grad aufzuheizen, dafür Energie in welcher Form auch immer zu verbrauchen, um dann Kaltwasser beizumischen. Ich mache ständig das

Licht aus. Ich habe eine Steckerleiste mit Schalter, Standby gibt es in meinem Zimmer nicht. Wir haben hier Ökostrom in Form von regenerativ erzeugten Energien. Und spätestens seit dem Studium ist mir bewusst, was Fleisch bedeutet. Ich liebe Fleisch, auch das Essen in der Mensa. Aber ich kaufe es nicht mehr. Ich habe erkannt, dass Fleisch ein unglaublicher Umweltverpester ist in der Erzeugung. Ich gönne mir Fleisch für aufs Brot, sonst versuche ich es komplett zu meiden. Ich koche komplett fleischlos. Bei Bioprodukten bin ich sehr skeptisch. Ich traue solchen groß angepriesenen Sachen einfach nicht, vieles ist Marketing bzw. Greenwashing. Regionale Produkte zu kaufen, finde ich viel wichtiger. Andererseits habe ich gehört, dass Zucker und auch Obst oft eine bessere CO_2-Bilanz haben, wenn sie aus Übersee kommen, als die aus Europa, weil sie in riesigen Mengen in riesigen Frachtern verschifft werden. Milch versuche ich ebenfalls so regional wie möglich zu kaufen.

Ich möchte, dass der Mensch es schafft, möglichst im Einklang mit der Natur zu leben. Dass alle Menschen ihr Luxus- und Kulturbedürfnis durchsetzen können, ohne dabei komplett die Natur zu zerstören. Nur dann kann es Gerechtigkeit auf der Welt geben. Was momentan passiert, ist absoluter Humbug. Es gibt größenordnungstechnisch zehn Nationen, die über 90 Prozent der weltweit verbrauchten Energien verprassen. Das Verhältnis stimmt nicht, es ist einfach nicht gerechtfertigt. Es geht mir einfach nicht in den Kopf rein, wie man allen Ernstes sagen kann: Nach mir die Sintflut.

In meinem Engagement bin ich leider noch etwas sensationsgeil. Ich bin nicht oft in festen Gruppen oder in Diskussionsforen aktiv, na gut, manchmal helfe ich bei Greenpeace aus. Stattdessen gehe ich auf Demonstrationen, da habe ich einfach das Gefühl, man bewegt physisch was. Es gibt eine Masse, die mich mitreißt.

Eine Demonstration erregt Aufmerksamkeit, es ist eine Form zu zeigen, wir sind nicht so staatshörig und sitzen nur im Wohnzimmer. Ich glaube, es hat einfach keinen Wert mehr, zu versuchen, gegen riesige Lobbyisten anzureden und gegen Politik, die total verfahren und meiner Ansicht nach auch in Deutschland mitunter korrumpiert ist. Planung oder Diskussionen sind wichtig als Teil des Prozesses, aber danach muss noch etwas anderes kommen. Und das ist die Demonstration. Und wenn man dann sieht, dass in Hamburg eine 120 Kilometer lange Menschenkette zwischen drei AKWs gebildet wurde, und über 100 000 Menschen in Berlin aufmarschieren, das zeigt einfach, dass irgendwas schiefläuft. Dass irgendwas nicht so ist, wie der Staat es vorgibt zu sein, und das die Menschen sich anders wünschen.

Ich finde es schade, dass ich nicht so politisch aktiv bin, dass ich mich nicht in der Hochschulpolitik engagiere. Das ist scheinheilig von mir. Einerseits will ich was tun, andererseits will ich nicht meine ganze Zeit opfern. Dann stelle ich wieder mein Wohl über das der Gesamtheit, das ist ja schon komisch. Warum mache ich das, wenn ich die Sachen, wo was bewegt werden könnte, ausblende?

Warum studiere ich noch, wenn ich merke, dass es ein Teil des Systems ist, gegen das ich eigentlich protestiere? Während der Bildungsstreikdemos konnten wir zwei Busse voll besetzen mit Studenten und sind mit denen nach Frankfurt gefahren. Das war auch sehr eindrucksvoll. Ich war Erstsemester und dachte mir: Auf die Pauke hauen. Bildung an sich ist geil, aber so, wie sie gerade läuft, kann es nicht sein. Das war lustig, ich hatte noch keine Ahnung von Tuten und Blasen und kam hier rein, bin ins Audimax, habe da übernachtet und dachte, coole Atmosphäre, coole Leute, gefällt mir. Durch diese Atmosphäre habe ich dann auch schnell verstanden, dass ich mit vielen Dingen im Bildungssystem oder in unserer Gesellschaft als Ganzem nicht einverstanden sein kann. Wir als Studenten waren in den Nachrichten, die amerikanischen Studenten haben sich mit der Polizei geprügelt, in Afrika und Russland gab es Besetzungen. Es wurde sichtlich etwas bewegt. StasiVZ hatte eine tolle Seite, wo über Google Maps gezeigt wurde, wo in der Welt gerade Unis besetzt waren.

Du hast StudiVZ gerade StasiVZ genannt?

Ja, denn da gibt man echt viel von sich preis. Aber es macht Spaß. Man kann Leute ausspionieren. Es ist ein Sehen und Gesehenwerden, dieser Voyeurismus beruht ja auf Gegenseitigkeit. Mit brisanten Informationen versuche ich vorsichtig umzugehen, aber ich will auf jeden Fall interessant wirken auf andere Leute. Ich versuche, mein Profil geheimnisvoll zu gestalten, sodass man denkt, hey, den hätte ich gerne als Freund. Ich orientiere mich viel an anderen Leuten. Teilweise übertreibe ich das auch und sehe mich nur noch in den Augen anderer Leute. Danach gestalte ich mein Äußeres, danach gestalte ich mein Verhalten innerlich. Ich passe mich an, um gemocht zu werden. Das ist immer ganz wichtig für mich gewesen, auch wenn ich das eigentlich nicht gut finde, sondern eher ziemlich anstrengend. Ich konnte es nicht ab, wenn jemand mich nicht gemocht hat, weil ich einfach nicht erkennen konnte, warum. In letzter Zeit versuche ich aber auch, mehr auf meine Werte zu achten.

Ich denke oft, ich verpasse was. Das fängt schon da an, dass ich denke, Freunde fragen mich nicht, ob ich was mit ihnen unternehmen will. Ich bin eher so der Mitläufer, ich mag es nicht so, Sachen zu initiieren, ich möchte lieber gefragt werden. Sobald ich Leerlauf habe und denke, alle um mich herum unternehmen etwas, anstatt zu Hause rumzusitzen, habe ich das Gefühl, dass ich was verpasse. Am Wochenende ist das besonders gefährlich. Vorteil ist, dass sich dann meistens auch die Hausarbeit staut, dann habe ich was zu tun.

Tagesablauf	
6.30 Uhr	aufstehen, frühstücken, klarkommen
7.45 Uhr	mit der U-Bahn zur Uni
8.30 Uhr	Unterricht beginnt
mittags	essen in der Mensa
14.45 Uhr	Unterrichtsende
16.30 Uhr	wieder zu Hause

«Ich habe immer eine Riesen-To-Do-Liste, ich weiß gar nicht, wo die herkommt. Ich habe das Gefühl, ich muss ständig was organisieren, Mails schreiben, Uni-Nachbereitung, Haushalt führen. Es ist neu für mich, dass ich einkaufen, Wäsche waschen und so muss. Ich bleibe auch viel im Internet hängen, wenn ich Mails schreibe. Ich bekomme so viele Mails von Freunden – aber anders könnte ich kaum mit denen in Kontakt bleiben, weil telefonieren ja noch zeitaufwendiger ist. Früher habe ich Nächte mit Wikipedia und Youtube verbracht, das mache ich jetzt nicht mehr. Das Gleiche gilt fürs Computerspielen.»

abends oft zwei Stunden Sport (Kung Fu, Ju-Jutsu, Judo, Klettern)

Zwischen 23.30 und 00.30 Uhr ins Bett gehen

«Schlafen kommt mir vor wie Zeitverschwendung. Mir ist schon bewusst, dass ich mehr Schlaf brauche, ich bin tagsüber ständig müde und schlafe in der Vorlesung ein. Aber ich bekomme es nicht hin, früher ins Bett zu gehen.»

Geld

Einnahmen

Kindergeld: 180 Euro

von Oma: 100 Euro

Job als Tutor: 170 Euro

Ausgaben

Miete: 235 Euro

«Der Rest geht für essen drauf. Ab und zu leiste ich mir was, gehe abends weg, was trinken, oder ab und zu klettern zum Beispiel. Für das nächste Semester beantrage ich BAföG, wenn das klappt, wäre alles etwas lockerer.»

«Ich würde sofort alles stehen und liegen lassen, wenn ich *irgendwie* wüsste, was mir Spaß macht»

Sandra
22
Cottbus
studiert BWL im 2. Semester
Mutter: Sachbearbeiterin in einer Klima- und Lüftungsfirma
Vater: Maler («Anstreicher, nicht künstlerisch»)
Kleine Schwester: 20, beginnt jetzt in Cottbus ein Architekturstudium
Freund: Praktikant bei einer Berliner Filmproduktionsfirma

Sandra studiert BWL, weil sie meint, damit für später «breit aufgestellt» zu sein. Alles andere war ihr zu unsicher, denn «man will ja auch irgendwann mal was verdienen».

Sandra teilt sich mit einer Kommilitonin eine Wohnung in Sachsendorf, einer Plattenbausiedlung am Stadtrand von Cottbus, wo «die Nachbarn fettige Haare und schlechte Zähne haben und es schon morgens nach Alkohol stinkt». Wenn sie nicht unbedingt dort sein muss, ist sie bei ihrem Freund in Berlin oder bei ihrer Familie, die ein Haus im Berliner Umland gebaut hat. Oma und Opa wohnen auch da, ebenso Hund und Katze. Das Meerschweinchen ist vor kurzem gestorben.

Tagesprotokoll	
Mo, 06. 09., Semesterferien, im Haus der Eltern	
09.30	… wache auf, bin erschrocken. Hätte schon lange mit dem Hund gehen müssen. Renne ins Bad, putze die Zähne, zieh mir schnell etwas an und schnappe mir unseren Hund …
09.45	… kriege schlechte Laune bei dem Gedanken daran, dass ich so viel lernen muss …
10.00	… komme wieder zu Hause an, gehe zu meiner Oma. Die sitzt noch am Frühstückstisch und bietet mir an, bei ihr zu frühstücken. Also quatschen und frühstücken …
10.15	… und quatschen und frühstücken …
10.30	… und quatschen und frühstücken wir …
10.45	… da ich aber weiß, dass es nichts bringt, das Lernen hinauszuschieben, verabschiede ich mich langsam …
11.00	… kaum zu Hause angekommen und den Hefter aufgeschlagen, klingelt das Telefon: Eine Freundin. Wir quatschen …
11.15	… über dies und das …
11.30	… und legen auf. Ich geh auf die Toilette …
11.45	um 14:00 Uhr bin ich mit einer Freundin zum Mittagessen verabredet, habe also Lerndruck …
12.00	… ich entscheide mich dafür, wenigstens zwei Aufgaben durchzurechnen (Online-Tutorium Rechnungswesen, Thema: Kosten- und Leistungsrechnung)
12.15	… Aufgabe eins
12.30	beende Aufgabe eins, fange Aufgabe zwei an …
12.45	… beende Aufgabe zwei
13.00	gehe schnell duschen, ziehe mich an …
13.15	… und schminke mich …
13.30	… Waschmaschine ist fertig. Hänge Wäsche auf und stelle die Maschine wieder an …
13.45	… ich schwinge mich auf mein Fahrrad und fahr zu ihr …
14.00	… Essen hat sie schon gemacht … :-)
14.15	wir quatschen und essen …

14.30	und je mehr sie mir von ihrem Studium (Medizin) erzählt und davon, wie viel sie lernt, um so größer wird mein schlechtes Gewissen, weil ich noch einiges zu lernen habe …
14.45	…
15.00	… also verabschiede ich mich um 15:05 Uhr wieder …
15.15	… zu Hause wartet schon der Hund auf mich, also noch eine Hunderunde …
15.30	… danach geh ich auf die Toilette. Aber dann sofort in mein Zimmer lernen …
15.45	… das klappt auch ganz gut …
16.00	…
16.15	…
16.30	… mir fällt ein, dass die Wäsche noch aufgehängt werden muss. Mache ich sofort
16.45	… zurück in meinem Zimmer, checke ich E-Mails. Ups, heute haben zwei Freunde Geburtstag! Schreibe schnell jedem eine Mail und greife wieder zu meinem Lernzeug …
17.00	auf einmal fällt es mir schwerer, mich zu konzentrieren … aber ich weiß, dass ich mich überwinden muss
17.15	… und wieder ein paar Aufgaben mehr erledigt …
17.30	… lerne …
17.45	… meine Eltern kommen nach Hause. Unterhalte mich kurz mit ihnen, um 19 Uhr gibt's Abendbrot
18.00	… sage mir, dass ich bis 19 Uhr lernen muss …
18.15	… lerne …
18.30	… lerne …
18.45	… kann mich langsam kaum noch konzentrieren. Gehe aufs Klo. Mache noch eine Aufgabe …
19.00	… und geschafft. Es ist 19 Uhr. Ich bin wirklich ziemlich weit gekommen. Bin stolz auf mich. Lege die Hefter weg und gehe essen …
19.15	ich kann zum schönen Teil des Tages übergehen
19.30	… essen …
19.45	… essen …
20.00	… eine Freundin kommt mich besuchen, wir quatschen …

20.15	… quatschen …
20.30	… quatschen …
20.45	… quatschen …
21.00	… quatschen …
21.15	… quatschen …
21.30	… quatschen …
21.45	…
22.00	…
22.15	…
22.30	…
22.45	sie muss morgen arbeiten und geht …
23.00	… schaue noch fern …
23.15	…
23.30	…
23.45	…
24.00	…
00.15	… nehme meine Kontaktlinsen raus und gehe schlafen …

Nach dem Abi bin ich erst mal in ein Loch gefallen.

Ich hatte einen Schnitt von 3,3, ein paar Fristen verpasst und das Gefühl, allen steht alles offen, nur mir nicht. Ich saß alleine zu Hause und dachte: Die kümmern sich jetzt um ihren Umzug und fangen an zu studieren, und du sitzt ein Jahr hier.

Am Anfang sucht man sich noch im Haus irgendwelche Arbeiten, Putzen oder Mit-dem-Hund-Rausgehen, aber dann hab ich mich immer öfter über den Tag verteilt hingelegt, ich hatte das Gefühl, ob ich da bin oder nicht, ist egal.

Ich saß stundenlang vorm PC und hab gesucht, aber immer, wenn was interessant war, stand da: Pflichtpraktika, Anmeldefrist, NC, begrenzte Plätze, Vorkenntnisse, Kosten … Über einen

Bekannten konnten wir dann ein Praktikum organisieren. In Canyamel, am Arsch von Mallorca, da war ich für drei Monate in einem 5-Sterne-Hotel und hab gekellnert. Ich kannte keinen und konnte kein Spanisch, das war schwierig. Aber wenigstens saß ich nicht weiter nutzlos zu Hause rum. Als ich zurückkam, habe ich als Hostess gearbeitet und mich an sämtlichen Unis für BWL eingeschrieben, ich wollte unbedingt was machen.

Das, was mich interessiert hätte, ging mit meinem NC nicht oder ist brotlose Kunst. Nur eine Sprache zum Beispiel, was soll ich damit anfangen? Ich wäre auch gern Maskenbildnerin geworden, aber da weiß man nie, wann der nächste Job kommt, man muss immer flexibel sein. Diese Unsicherheit passt nicht zu der Familie, die ich gern mal haben möchte.

Ich dachte: Mit BWL steht mir im Nachhinein noch alles offen. Mach ich lieber jetzt drei Jahre was, was ich gar nicht mag, hab richtig Stress und dann aber eine Grundlage für was, was ich gerne mach. Ich kann meinen Master ja in allem Möglichen machen.

Ich wünschte, jemand würde mir sagen, was ich machen soll. Irgendeine Sicherheit. Wenn ich an meine Zukunft denke, bekomme ich Beklemmungen: Ist das richtig, was ich mache? Soll ich lieber abbrechen und eine Ausbildung als irgendwas machen?

Wenn ich abgelenkt bin, mit meinen Eltern am Abend auf der Terrasse oder bei meinem Freund, dann denk ich da nicht dran. Nur wenn ich alleine bin.

Das Schlimmste ist, dass man weiß, man hat nicht immer alles gegeben. Mir fehlt diese Selbstdisziplin. Wenn ich denke, jetzt müsste ich anfangen zu lernen, schleppe ich immer meine Bücher mit. Zu meinem Freund, zu meinen Eltern, in die Bahn. Manchmal les ich auch, ’ne Seite, aber das bringt mich ja nicht weiter. Ich wünschte, ich könnte meinen Kopf einfach ausschalten und auswendig lernen, aber stattdessen denke ich immer an alles Mögliche – und am Ende des Semesters, wenn die Prüfungen kommen, werd ich panisch.

Ich würde trotzdem niemals von mir aus abbrechen, nur weil es keinen Spaß macht. Das ist Pflichtprogramm. Ein Plan B wäre ein Grund. Aber ich hab keinen, und ich weiß genau, wie ich mich fühle, wenn ich in der Luft hänge. Da ist das schon Luxus für mich, dass ich in so einem Studium drinhänge, mitgeschleift werde und weiß, dass es mir was bringt in der Zukunft. Das beruhigt mein Gewissen und erspart mir das unangenehme Rumdrucksen auf die Frage: «Und, was machst du so?»

Du musst einen Plan haben! Aber nirgendwo wird man vorbereitet, sich einen eigenen Weg zu suchen. Es gibt keinen, der dir sagt, was richtig oder falsch ist. Man wird reingeworfen ins kalte Wasser und muss dann zusehen.

Meine Eltern sind aus dem ehemaligen Osten, da hatte man viel weniger Möglichkeiten. Für die ist es schwierig nachzuvollziehen, dass man sich nicht freut über die Auswahl.

Ich würde sofort alles stehen und liegen lassen, wenn ich *irgendwie* wüsste, was mir Spaß macht, wenn ich damit Geld verdienen könnte. Alles. Sofort. Aber ich hab halt keine Ahnung.

Das Einzige, was ich mit großer Wahrscheinlichkeit sagen kann, ist, dass ich irgendwann Kinder haben will, einen Mann dazu, Haus und Hund und Garten und Katze.

Aber auch da ist die Sorge: wann? Meine Mama war mit 23 Spätgebärende in der DDR. Da haben die Leute mit 19 Kinder bekommen. Ich bin jetzt 22, und wahrscheinlich passt es nie so komplett in die Lebenssituation rein. Schule, Studium, erster Job, ich finde es ja optimal, wenn man nach dem Studium ein Jahr arbeiten war. Aber wartet man, bis man ein Haus gebaut hat? Auf der Arbeit sind einige meiner Kolleginnen um die 30 und mit der Lebensplanung total überfordert. Manche möchten in der Stadt alt werden und überlegen, ob sie überhaupt Kinder wollen. Andere wollen gerne Kinder haben, finden aber den Partner nicht. Auch die Freundinnen von meiner Mama. Die wollten ihr Leben lang kein Kind und haben jetzt ihren zweiten Frühling mit Mitte 40, und dann geht es nicht mehr. Die stehen jetzt da und machen eine künstliche Befruchtung nach der anderen. Wenn man das hört, erzeugt das noch mehr Druck. Ich glaube, man muss sich einfach damit anfreunden, dass man immer Probleme zu wälzen hat. Dann ist es eben so.

Geld

Einnahmen

Nebenjob (Kundenberatung in einem Autohaus, 80 Euro/ Schicht): ca. 400 Euro

Kindergeld: 184 Euro

Ausgaben

Miete: 200 Euro in Cottbus

Semesterbeitrag (halbjährlich): 217 Euro

Handy: 25 Euro

«Wenn das Geld zum Ende des Monats knapp wird, dann kann ich halt nicht mehr weggehen. Sobald ich in Berlin bin, bin ich im ‹Hotel Mama› immer willkommen, und in Cottbus brauche ich nicht viel, abgesehen von der Verpflegung.»

«Natürlich bin ich deutsch, dachte ich»

Tuğba

22

macht gerade ihren Bachelorabschluss in Politik

lebt mit ihren Eltern und zwei älteren Schwestern in Hannover

Es ist Ramadan, bei Tuğba zu Hause ist zu viel los, als dass wir uns dort treffen könnten. In ein Café gehen wir nicht, weil sie nichts essen und trinken darf. Also habe ich sie zu mir nach Hause eingeladen.

Engagement

Der Grund, warum ich angefangen habe, mich für jemand anderen als mich selbst einzusetzen, war, dass ich in der Schule gemerkt habe, dass es über den Schulunterricht hinaus nichts gab. Das hat mich sehr gestört. Die Schule hat einen hohen Anteil von Menschen mit Migrationshintergrund, wie das so schön heißt – «MMM», kann man ja abkürzen. Ich war Schulsprecherin, und dann ging das alles ziemlich schnell. Im ganzen Leben hatte ich unglaublich viel Glück und Zufälle und Menschen. Jemand musste in den Schülerrat. Niemand wusste, was das ist, und keiner hatte Lust. Dann wurde ich gewählt. Ich war die einzige Gymnasiastin aus meinem Kreis. Es war sehr schön, ich habe mit anderen Schulen zusammengearbeitet, mit Real- und Hauptschulen, und habe ein Fußballturnier gemacht, das in unserem Kreis war. Es ging dann ganz schnell auf die Länder-Ebene: Zusammen mit anderen Schülern war ich in der Landesschülervertretung. Wir haben mit der Behörde gesprochen, was man für Schüler tun kann, wir haben Foren gemacht und versucht, ein bisschen in der Politik mitzuwirken. Ich habe gemerkt, dass unsere Schule benachteiligt war, auch, was die Lehrer anging, weil sie einen hohen Migrationsanteil hatte. Mir hat das leidgetan: Die Schüler haben sowieso viele Alltagsprobleme durch Diskriminierung und Sprachprobleme und gehen dann noch in eine Schule, wo sie vielleicht krasse Frustrationserlebnisse haben, aber nie den Ausgleich, mit Deutschen in Projekten zusammenzuarbeiten und sich weiterzuentwickeln.

Das Kopftuch hat früher nie eine Rolle gespielt, meine Freunde in der Schule waren sowieso alle Migranten. Dann war ich in der Landesschülervertretung auf einmal die einzige Ausländerin. Dort habe ich zum ersten Mal Leute kennengelernt, die ein bisschen konservativer eingestellt waren und das nicht nur ausschließlich interessant fanden. Das habe ich aber immer ignoriert und war total locker. Ich habe da nie Diskriminierung gespürt. Weil die Leute auch baff waren: Plötzlich sehen sie zum ersten Mal ein Mädchen mit Kopftuch, und dann redet die auch noch so viel.

Mit diesem Engagement zusammen fiel der 11. September. Damals habe ich schon sehr viele Zeitungen und Magazine gelesen, leider auch den ‹Stern›. Ich habe gemerkt, dass mich die Berichterstattung gestört hat, ich wusste, das ist nicht der Islam, nicht die Welt, nicht das Leben, das ich kenne. Ich musste mich irgendwie wehren, ich wusste aber nicht, wie. In der Schule kam es manchmal zu Diskussionen, vor allem im Religionsunterricht. Ich wusste nicht, wie ich argumentieren sollte. Für mich war das sehr emotional. Ich habe mich sehr schnell angegriffen gefühlt, auf persönlicher Ebene, und musste Diskussionen sehr früh abblocken.

Durch die Jugendarbeit und in der Schülervertretung hat mich Politik immer mehr interessiert. Ich habe gelesen, mich gebildet, war auf vielen Seminaren und hab irgendwann beschlossen, über Politik zu schreiben. Damit kann man mindestens so viel bewegen wie ein Politiker. Die Macht der Medien habe ich einmal ganz persönlich erlebt: Bekannte von meinen Eltern haben dem ‹Stern› gesagt, wir wollen euch mal zeigen, wie der Islam so ist, und haben Reporter während des Ramadan zu sich nach Hause eingeladen. Dann kam ein vierseitiger Artikel, in dem die Familie echt zerrissen wurde: Der Vater kann in dem Text kein Deutsch und starrt vor sich hin, die Mutter rennt die ganze Zeit mit Lappen und so einem Spray rum und wischt den Leuten hinterher. Die ganze Familie wurde fertiggemacht. Da habe ich gemerkt, dass es total gefährlich ist: Egal, wie gut meine Intention ist, mit den Medien zusammenzuarbeiten ist ein Spiel mit dem Feuer. Medien schaffen ja die Realität. Was die Medien wiederholen, wird wahr. Aber ich habe irgendwann gemerkt, dass ich mich nicht ausschließen kann aus der Diskussion. Dass man viel über Menschen wie mich diskutiert und ein falsches Bild gezeigt wird.

Mit Beginn des Studiums war mit der politischen Arbeit erst mal Schluss. Die Uni war für mich ein totales Schockerlebnis. Ich dachte immer, wenn man keine Leute mit Kopftuch kennt, die den Islam praktizieren, dann hat man verständlicherweise Vorurteile, und fand das auch okay. Aber ich dachte: Sobald man einen Menschen kennenlernt, der diese Vorurteile entkräftet, überdenkt man die eigenen Vorstellungen und ist bereit, bestimmte Zugeständnisse zu machen. Aber das war an der Uni nicht so. Ich habe Leute kennengelernt, die kamen aus irgendwelchen Dörfern und Kleinstädten, und ich war die allererste Türkin, die sie jemals getroffen haben. Für mich war so was nie ein Problem. Nach und nach stellten sie Fragen, was mich gefreut hat. Besser fragen, als mit Vorurteilen durch das Leben zu laufen. Aber irgendwann habe ich gemerkt, dass sie ihre Vorurteile gar nicht abgelegt haben. Sie sagten Sachen wie: «Gott, die Türken sind echt schlimm.» Und eine schaute dann zu mir und meinte: «Aber Tuğba, dich mag ich. Du bist voll okay. Du bist 'ne Ausnahme.» Ich war erschrocken und habe versucht, dagegen zu argumentieren. Da habe ich zum ersten Mal gemerkt, dass ich nicht wirklich zu Deutschland gehöre.

Bis dahin hatte ich mich sehr deutsch gefühlt, weil ich die deutsche Sprache damals besser beherrscht habe als die türkische. Natürlich bin ich deutsch, dachte ich. Dann habe ich mich plötzlich gefühlt, als sei ich in einem Haus, wo ich glaubte, ich sei Teil der Familie, und plötzlich merke ich, wie die Familie tuschelt: «Die denkt, sie ist ein Teil von uns, aber eigentlich gehört sie gar nicht zu uns.» Das wurde dann eine bohrende Frage für mich: «Bin ich Deutsche?» Von da an hat sich meine Einstellung gegenüber Integration sehr geändert.

Heute denke ich, Integration bedeutet, dass es ein großes Ganzes gibt, von dem man ein Teil wird. Aber in Deutschland gibt es kein großes Ganzes. Deutschsein definiert sich über das, was man nicht ist. Typisch wäre: Deutschsein ist nicht Türkischsein. Deutschsein ist, keine schwarze Hautfarbe zu haben. Deshalb gibt es in Deutschland nichts, woran man sich festhalten kann. Wenn ich einem Zehnjährigen sage: «Integrier dich mal!», dann weiß der gar nicht, in was. Wenn man stattdessen aber Partizipation fordert, ist die Gesellschaft in einem Prozess. Das bedeutet, ich als Mensch mit Migrationshintergrund partizipiere, bin aktiv, kann die Potenziale, die ich habe, in die Gesellschaft einbringen. Damit mache ich mir einen Platz in der Gesellschaft und werde ein Teil von ihr, ohne dass ich oder die Gesellschaft etwas aufgeben musste. Ich bereichere sie. Die Gesellschaft kann sich dadurch auch weiterentwickeln. Wenn ich einem Zehnjährigen also sage: «Mach in einem Sportverein mit», dann tut er was und ist dadurch integriert. So kann er den Weg in die Mehrheitsgesellschaft finden – obwohl ich gar nicht denke, dass jeder in der Mehrheitsgesellschaft sein sollte, das ist so ein Mainstream. Wir sollten ja nicht alle gleich sein.

Auf der Straße hatte ich das Gefühl, dass die Stimmung gegen Migranten härter wird; auch die Diskussion in den Medien über den Islam. Irgendwann dachte ich, du kannst nicht nur in privaten Diskussionen deine Meinung sagen und Leuten zeigen, wie du bist. Du musst mehr machen. Du musst dich engagieren und mehr bewegen. Auf der Straße in Hannover hatte ich zum ersten Mal eine ganz offene Diskriminierung, als eine Frau zu mir «Verschwinde! Geh dahin zurück, wo du herkommst!» sagte.

Neben der Uni habe ich drei Monate als Redaktionsassistentin beim öffentlich-rechtlichen Rundfunk gearbeitet. Im Vorstellungsgespräch hieß es, dass ich die Redaktion unterstütze, recherchiere und journalistische Arbeit mache. Aber das war die schlimmste Arbeit meines Lebens. Vielleicht haben sie nicht erwartet, dass ich Kopftuch trage – der Freund, der mich vermittelt hat, hat es bestimmt nicht erzählt, weil es für ihn selbstverständlich war. In der Redaktion schauten sie schockiert. Das ist so ein Männerverein, die Sekretärinnen sind fast die einzigen Frauen. Aber die Männer waren relativ jung, Ende 20 bis Ende 40. Ich kam an und war total motiviert. In allen Redaktionen, in denen ich bis dahin war, konnte ich immer sofort mitmachen und dann mehr und mehr machen. Ich hatte bisher nur positive Erfahrungen gemacht und trotz der Diskriminierungen immer noch ein positives Menschenbild.

Nach und nach habe ich gemerkt, dass die Leute mich nicht mögen, aber ich wusste nicht, warum. Als ich einmal dort gebetet habe – ich muss ja fünfmal am Tag beten –, kam eine Redakteurin rein und rief: «Oh, guckt mal, die betet!» Die anderen kamen angelaufen und schauten durch die Tür. Das war nur eine kleine Sache, danach fing das aber an. Ich wurde immer in einem herrischen und herablassenden Ton gerufen: «Tuğba!» Und dann sollte ich vom Ende des Flurs hinlaufen. Jeden Morgen musste ich Bier tragen, und ich bin mir sicher, die Redakteure wissen sehr gut, dass das gegen meine religiösen Einstellungen spricht. Ich hatte das Gefühl, die machen das extra. Am Anfang dachte ich: Okay, so ist eben die Arbeitswelt, da musst du durch, da musst du dich dran gewöhnen. An der Uni war ich weiterhin die selbstbewusste Tuğba, aber bei der Arbeit war ich ein Mensch fünfter Klasse.

Einmal hat mich eine Frau aus dem Flur, die ich noch nie vorher gesehen habe, angeschrien: «Du Buchstabengläubige!» Sie sei ein vernunftbegabter Mensch und glaube deswegen an keine Religion. Ich war total baff und schockiert. Dieses Gefühl, das ich in dem Moment hatte, war konzentriert das Gefühl, das ich eigentlich schon die ganze Zeit über hatte. Wie sie mit mir gesprochen, mich angeschaut haben ... Ich habe immer am Abend, bevor ich arbeiten musste, Bauchschmerzen bekommen. Ich habe niemandem davon erzählt, weil ich dachte, es liegt an mir. Ich dachte, sie hätten endlich herausgefunden, dass ich eigentlich nichts kann. Ich dachte die ganze Zeit, sie haben recht.

Das einzige Recht, das ich eigentlich hatte, war, mit den Redakteuren abends die Sendung anzuschauen. Irgendwann wurde mir auch das weggenommen, es hieß: Pass mal auf die Garderobe auf. Zwischendurch musste ich dort weinen. Ich konnte aber auch nicht kündigen, weil ich nicht mehr wusste, dass ich das kann. Ich wusste gar nichts mehr.

Als ich dann aufgehört hab, weil ich für zwei Semester nach Paris gegangen bin, habe ich gesagt: «Ich würde gern ein Feedback geben, sagen, wie die Zeit hier war.»

«Ach so, ja?»

«Ich habe mich hier nicht wohlgefühlt.»

«Wir haben uns auch nicht wohlgefühlt mit dir, Tuğba.»

«Ich habe das Gefühl, dass ihr manchmal, vielleicht auch unbemerkt, abwertend mit mir gesprochen habt.»

«Das bildest du dir ein.»

Wenn man eine Diskriminierung erfährt und jemand sagt, das bildest du dir nur ein, wird man total verunsichert. Man kann es nirgendwo festmachen, es ist ja nicht so, dass die einen geschlagen haben. Heute bin ich sauer auf mich, dass ich mich so habe erniedrigen lassen.

Deutschland war für mich danach tot. Ich dachte, hier hast du keinen Platz, du kannst dich engagieren, wie du willst, machen, was du willst. Für mich ergaben plötzlich die ganzen Sachen, die ich vorher als Einzelfälle abgetan habe, ein einziges, riesengroßes Zeichen: «Du gehörst nicht dazu.»

In Paris konnte ich mich auf nichts konzentrieren, ich war innerlich gebrochen. In dieser Zeit habe ich den Kontakt zu meinen deutschen Freunden nach und nach abgebrochen. Ich hatte das Gefühl, sie haben mich die ganze Zeit angelogen, sie seien eigentlich gar nicht wirklich meine Freunde gewesen. Damit habe ich vielen Unrecht getan.

Es war auch eine Lehre fürs Leben. Ich habe begonnen zu verstehen, warum sich manche Menschen in Deutschland nicht willkommen fühlen und sich zurückziehen in eine Parallelgesellschaft. Meinen Eltern habe ich das erst vor zwei Wochen erzählt. Mein Vater, der als Jugendlicher nach Deutschland kam, war total schockiert. Er sagte: «Ich arbeite, damit du nicht arbeiten musst. Du musstest das nicht durchstehen. Du musstest nicht so leiden. Ich habe damals gelitten, dein Opa hat gelitten in der Fabrik, wir haben alles durchgehalten, damit unsere Kinder nicht leiden. Du musstest diesen Job nicht machen, Tuğba.»

In Paris hatte ich eine Therapeutin, die hat mir gesagt, ich hätte ein Trauma durchlebt. Das war für mich eine unglaublich große Erleichterung. Ich habe mich plötzlich nicht mehr wie in einem Film gefühlt, in dem ich die Einzige bin, die die Wahrheit kennt. Ich glaube, es ist gut, dass die Blase geplatzt ist und ich Sachen jetzt etwas realistischer sehe. Ich vermisse meine Naivität, jetzt ist meine Grundhaltung skeptisch.

Glaube

Die Religion prägt schon den Alltag, aber weil ich mit ihr aufgewachsen bin, kenne ich es gar nicht anders. Und dann kommt noch hinzu, dass man ja irgendwann die Religion hinterfragt. Vor allem, wenn man von außen immer wieder darauf angesprochen wird. Ich habe das Kopftuch schon relativ früh angefangen zu tragen, mit elf. Wir sind damals umgezogen, und ich wollte, dass mich alle so kennenlernen. Meine Eltern haben mich nicht dazu gezwungen.

Alle Frauen in meiner Familie tragen Kopftuch. Das war auch der Grund, warum ich damit angefangen habe. Es war halt so. Jetzt fühle ich mich mit Kopftuch näher bei Gott, und ich spüre einen Schutz. Ohne könnte ich es mir nicht mehr vorstellen. Ich habe mich für den Glauben entschieden, ich habe den Koran ziemlich genau untersucht. Das Kopftuch zu tragen ist ja auch eine große

Verantwortung: Ob ich es will oder nicht, ich repräsentiere in den Augen bestimmter Menschen den Islam.

Natürlich wurde ich von meinen Eltern beeinflusst, aber jeder wird von irgendwas beeinflusst. Und ich habe auch die Texte der Menschen gelesen, die mir erzählen wollen, dass mein Glaube dumm ist. Freiheit ist, Entscheidungen selbst zu treffen und diese ausleben zu dürfen. Aber manche Menschen meinen, sie könnten bestimmen, was Freiheit bedeutet. Da denke ich, dass diese Menschen in einem Gefängnis leben und ich eigentlich die bin, die frei ist, weil ich mich für etwas entscheide – obwohl es nicht der sozialen Norm entspricht.

Heute fühle ich mich weder deutsch noch türkisch. Diese auf eine Ethnie reduzierte Identität ist auch viel zu kurz gedacht. Mich macht aus, dass ich bestimmte Musik höre, bestimmte Filme mag, bestimmte Bücher gerne lese, dieses und jenes studiere. Ich habe aber das Gefühl, dass unsere Gesellschaft – nicht nur hier, auch in der Türkei – «darauf beharrt, dass man sich für ein Land entscheiden muss. Ich möchte das nicht. Ich kenne inzwischen ganz viele, die das gleiche Problem haben, die merken, dass die nationale Identität sie einengt.

Was macht für dich den Islam aus?

Islam heißt «Frieden». Es ist egal, woher du kommst, es ist egal, welchen Status du hast, entgegen vielen Vorurteilen ist es auch egal, welches Geschlecht du hast. Du hast eine direkte Bindung zu Gott, du musst keine Kriterien erfüllen, keine Prüfungen bestehen, um Muslim zu sein. Niemand kann mir meine Religion absprechen, niemand kann mir sagen, du bist kein Muslim. Ich lebe den Islam vielleicht traditioneller aus, habe aber überhaupt kein Problem damit, wenn jemand das anders tut. Ich fühle mich unglaublich frei.

Wir unterbrechen das Gespräch, damit Tuğba beten kann. Ich gebe ihr als Untergrund meine Yoga-Matte und verlasse das Zimmer. Schon nach kurzer Zeit kommt sie und sagt lächelnd: «Ich bin fertig.»

Familie

Ich möchte auf jeden Fall Kinder haben, gerne, bevor ich 25 bin. Was bringt mir all diese Arbeit, wenn ich die Früchte davon nicht weitergeben kann? Ich möchte Kinder aufziehen, die dieser Gesellschaft etwas geben können. Was meine Eltern mir beigebracht haben, habe ich weiterentwickelt, und das können dann meine Kinder weiterentwickeln.

Ich glaube, das ist ein Bewusstsein in unserer Generation: Wir müssen nicht mehr unser Leben lang auf einen einzigen Moment hinarbeiten, ich möchte mein Leben in jedem Moment erfüllen. Das heißt, dass ich viel flexibler bin. Ich muss einen Beruf nicht mein Leben lang machen, wenn er mir nicht mehr gefällt, mache ich etwas anderes. Partnerschaft und Kinder gehören selbstverständlich dazu. Dieses Sich-vorher-etwas-aufbauen-müssen, Sich-sicher-sein-müssen, das funktioniert einfach nicht mehr. Ich habe viele nicht-muslimische Freunde in meinem Alter, die jetzt schon Kinder haben. Ich finde das überraschend, aber total schön.

Bei den Generationen vor uns haben wir gesehen, dass das Warten nicht funktioniert. Ich habe Freundinnen, Bekannte, die sind 36 und sagen: «Ich wünschte, ich hätte damals die Beziehung fortgeführt und sie nicht als einschränkend gesehen, dann hätte ich jetzt auch eine Familie mit Kindern.» Viele Ende-30-Jährige haben Torschlusspanik. Sie haben nur auf die Karriere geachtet und müssen jetzt schnell einen Partner finden. Gerade bei Männern beobachte ich das.

Ich bin natürlich nicht so erfahren, sondern beobachte das eher bei meinen Freundinnen. Aber ich glaube, theoretisch könnte jeder mit jedem glücklich werden. Es ist nur wichtig, bestimmte Gemeinsamkeiten zu haben. Mir würde es zum Beispiel unglaublich schwerfallen, mit jemandem zusammen zu sein, der keinen Wert auf Bildung legt. Das wäre eine Differenz, die könnte ich nicht überbrücken. Wenn mich ein Mann nicht lieben kann, weil ich in meinem Beruf erfolgreicher bin als er, ist das ein Problem. Gebildete Frauen suchen gebildetere Männer, aber diese Männer suchen nicht unbedingt gebildete Frauen. Das finde ich total verantwortungslos. Ich glaube, wenn Männer sich um die Familie kümmern und die Frauen arbeiten, dann geht das nur für eine Weile gut. Irgendwann möchte die Frau zu Hause bei den Kindern sein und zu ihrem Mann aufschauen können, der soll sie beschützen. Eine Frau möchte nicht das Gefühl haben, von ihr hänge alles ab.

Was die gesellschaftlichen Entwicklungen und Diskussionen gebracht haben – auch, was die Generationen vor uns durchgemacht haben mit diesem Überhaupt-keine-Kinder-Kriegen –, ist, dass uns neben der Karriere auch die Familie wieder wichtig ist. Wir wissen in unserer Generation: Der Zeitpunkt, zu dem wir uns sicher fühlen, wird niemals kommen. Deswegen wollen wir flexibel sein, in jedem Moment unseres Lebens Glück finden und suchen, genießen und glücklich sein, man kann das nicht hinausschieben. Vielleicht kann man aber versuchen, mit weniger auszukommen.

«Ich glaube, die machen echt einen guten Job da oben»

Sebastian
22
Stadt in Norddeutschland
Flugschüler

Während ich mich mit Sebastian unterhalte, backen seine beiden Mitbewohner den ersten Pflaumenkuchen ihres Lebens. Alle drei sind gleich alt, alle drei werden Piloten. Immer wieder unterbrechen die beiden anderen Jungs unser Gespräch, um etwas zu kommentieren oder – häufiger – Sebastian um Rat bezüglich des Rezepts zu bitten.

Freut ihr euch darauf, das erste Mal fliegen zu dürfen?

Alle *(ironisch)*: Och, es geht ...

(dann ernst) Fliegen ist das Tollste. Am liebsten sofort zur Propellerschulung.

Sebastian: Ich finde es ziemlich cool. Wir sind alle noch so kleine Honigkuchenpferde, die durch die Gegend strahlen.

Pilot werden

Die Aufnahmeprüfung der Fluglinie gilt als eine der härtesten überhaupt. Nur fünf Prozent der Bewerber werden angenommen.

Ich habe mich im März vergangenen Jahres beworben. Die ganzen Auswahlverfahren dauern relativ lang. Den ersten Termin hatte ich im Januar dieses Jahres. Das war die Berufsgrunduntersuchung: Tests zu den grundlegenden Fähigkeiten in Mathe, Physik, Englisch, Technik, Wahrnehmung, Konzentrationsfähigkeit und Stressbelastung. Da muss man in einem begrenzten Zeitrahmen ziemlich viele Sachen auf einmal richtig machen.

Drei Monate später wird man zur Firmenqualifikation zugelassen, wo es darum geht, ob man zum Konzern passt. Das sind Gruppenspiele, Streitgespräche, Kooperationsspiele.

Für diesen zweiten Teil hat man nicht so viel Vorbereitungsmaterial, aber es gibt externe Vorbereitungsseminare. Eigentlich heißt es immer, man soll zu keinem Vorbereiter gehen. Die kosten auch 1000 Euro für die Woche. Aber da wird das alles simuliert, man macht diese Gruppenspiele alle schon mal, und mir hat das sehr dabei geholfen, mich auf die Situation einzustellen. Die anderen Leute sagen dir dort, wenn du zappelig bist oder hektisch redest.

Am Abend des ersten Tages wird man dann kurz reingerufen, und es wird einem gesagt, ob man am nächsten Tag nochmal erscheinen darf oder ob man gleich seine Sachen packen muss. Am zweiten Tag muss man im Flugsimulator einen kleinen Kurs abfliegen. Wenn das erfolgreich ist, wird man zu einem Interview mit einem Auswahlkapitän und zwei Psychologen gerufen. Die versuchen nochmal alles abzuklopfen. Da stellen sie auch ziemlich gemeine Fragen. Mir wollten sie in die Schuhe schieben, ich sei rücksichtslos und würde andere Leute nicht ernst nehmen. Bei der Frage nach dem letzten Mal, als es bei mir Probleme im zwischenmenschlichen Bereich gab, war mir nur ein dämlicher Streit mit meinem besten Kumpel eingefallen. Der war den ganzen Tag schon komisch drauf gewesen und hat dann abends bloß rumgestänkert, sodass ich dann halt zu ihm gesagt hab: «Komm erst mal runter, wenn du so mit mir redest, machen wir heute Abend nicht mehr so viel zusammen.» Das hab ich den Psychologen erzählt, und daraus haben sie gestrickt, ich hätte sein Problem nicht ernstgenommen. Und das haben sie fast eine halbe Stunde lang behauptet. Ich habe immer wieder versucht, das zu entkräften. Sie haben versucht, mich entsprechend zu provozieren. Ich hatte nie das Gefühl, ich könnte nicht mehr argumentieren, aber ich musste schon kämpfen. Ich hab gemerkt, die wollen sehen: Wie reagiert er? Bleibt er ruhig, oder regt es ihn jetzt so auf, wenn er zehnmal dieselbe Frage zu hören bekommt, dass er völlig austickt? Für mich war am Anfang klar, wenn du da reingehst, musst du das komplett ruhig rüberbringen.

Ich glaube, der Test hat durchaus seine Berechtigung. Meine Mitschüler und ich, wir sind unterschiedliche Typen, haben aber eine ganz ähnliche Grundeinstellung: sehr offen, sehr interessiert, begeisterungsfähig, dominant, aber rücksichtsvoll genug, um andere Meinungen zählen zu lassen, und teamfähig. In den Kursen funktioniert alles wunderbar. Ich glaube, die machen echt einen guten Job da oben.

Ich habe sofort Bescheid bekommen. Danach gibt es noch einen medizinischen Test. Da kann aber eigentlich nichts mehr passieren; nur wenn etwas mit den Augen, Ohren oder dem Herzen ganz kaputt ist, wirst du aussortiert.

Jetzt fangen wir mit einem Kurs an, in dem zwei Wochen lang die Grundlagen wiederholt werden. Dann lernen wir Luftrecht, Technik, Instrumente, Flugphysik, Beladung und Verteilung, Flugverfahren und Flugzeugleistungsfähigkeit, Flugplanung, physische und psychische Leistungseinschränkungen, Meteorologie und Navigation.

Warum möchtest du Pilot werden?

Für mich stimmt das Gesamtpackage. Man kommt viel rum, hat viel mit Technik zu tun, erlebt sicherlich unglaublich emotionale Augenblicke, wenn man irgendwo über den Wolken rumschwebt, hat eine hohe Verantwortung, verdient gut. Das Einstiegsgehalt als erster Offizier, also direkt nach Abschluss der Ausbildung, sind 5000 brutto im Monat. Und das steigert sich ziemlich ordentlich. Als Kapitän, der man nach zehn Jahren sein kann, verdient man schon fast das Doppelte, 110 000 im Jahr. Das geht dann bis 200 000, 250 000 Euro. Pilotsein ist auch so ein Prestigeding. Ich finde die Uniform schon toll, sie macht etwas her. Das bedeutet für mich eine ganze Menge Stolz. Ich finde gut, wenn in einer entsprechenden Position eine Uniform da ist. Man merkt die Ehrfurcht auch jetzt schon, wenn man Leuten sagt, dass man Pilot wird.

Unsere Vormieter, die ebenfalls Piloten sind, haben uns auch gesagt: «Wenn ihr mit Mädels unterwegs seit, lasst ruhig raushängen, dass ihr Piloten seid. Dann bekommt ihr jede rum. Nur bei Jungs in eurem Alter müsst ihr aufpassen. Die reden nicht mehr mit euch, wenn ihr Piloten seid, weil ihr ihnen die Mädels wegschnappt. Ihr seid hier schon die Kings.»

Dass man wirklich freihat, fasziniert mich ebenfalls unglaublich am Pilotendasein: Du stellst das Flugzeug ab und bist komplett frei. Du kannst vier Stunden Gitarre üben oder ins Kino gehen und musst dir um nichts Sorgen machen. Ich bin mir relativ sicher, dass der Job mich intellektuell völlig unterfordern wird, dass ich da keinerlei Befriedigung erhalten werde. Aber ich spekuliere darauf, dass ich diese freie Zeit dafür nutzen kann. Ich kann mir auch gut vorstellen, mich als Gasthörer an der Uni einzuschreiben. Als ich in Stuttgart Musik studiert hab, war ich einmal die Woche in Theater, Ballett oder Oper. Das ist schon meine Welt. Das brauche ich auch. Das wird auch später nicht anders sein.

Sicherheit

Musik ist meine größte Leidenschaft. Ich habe mit sechs Jahren angefangen, klassische Gitarre zu lernen. Erst mal war ich der typische Musikschüler, der ungeübt zum Unterricht kommt. Irgendwann, so mit 12, 13, habe ich meine Lust daran entdeckt und jeden Tag drei bis fünf Stunden gespielt. Schon damals bin ich mit meiner Mutter viel in Konzerte und zu Opern gegangen. Mit 12 war ich zum ersten Mal beim Schlosskonzert in Neuschwanstein bei einer Wagneroper. Mit 16 habe ich einen neuen Lehrer bekommen, weil mein Lehrer in der Musikschule gesagt hat, er kann mir nichts mehr beibringen. So ging es immer weiter, und als ich mich gefragt habe, was ich mache, war eigentlich klar, dass es was mit Musik sein würde. Ich habe mich an vier Musikhochschulen beworben und wurde überall genommen. Ich bin dann wegen eines Dozenten nach Stuttgart gegangen. In der Musik geht es immer nur darum, bei wem man studiert hat. Niemand fragt nach dem Schnitt. Ich wollte eigentlich nicht nach Stuttgart – in Bayern, wo ich groß geworden bin, sagt man, Stuttgart sei das Schlimmste, was einem passieren kann.

Das Studium habe ich sehr begeistert durchlebt. Obwohl ich gleich zu Beginn große gesundheitliche Probleme hatte. Da habe ich mir relativ viele Gedanken gemacht: Was ist, wenn was passiert und man dauerhaft nicht musizieren kann? Bis Mitte November war ich kaum an der Hochschule. Einen Tag nach Weihnachten hatte ich eine große Operation, nach der ich drei Monate im Krankenhaus lag. Dort habe ich mir wieder viele Gedanken in beruflicher Hinsicht gemacht. Ich wollte ja Konzertgitarrist werden, und das schien mir dann nicht mehr realistisch. Es ist unheimlich viel Zeit, die man der Musik opfern muss. Dazu habe ich viel zu viele andere Interessen: Ich gehe gern ins Theater und auf Konzerte, in die Oper, treffe mich mit Freunden oder lese – und ich möchte mich nicht so komplett auf eine Sache festlegen. Mein Prof hatte mal von einem guten Freund erzählt, der erfolgreich im Konzertleben ist: Der geht im Jahr acht Wochen allein auf eine kleine Insel bei Bali, auf der fünf Hütten stehen, und übt nur Gitarre. Das ist das Schönste, was er sich vorstellen kann, und auch die ganze Gitarrenklasse hat nur gesagt: Mensch, ist das toll. Und ich habe mir gedacht: Mein Gott, ist das furchtbar. Das Letzte, was ich machen möchte, ist, acht Wochen lang auf einer Insel zu hocken und nur die Gitarre zu haben.

Hinzu kamen finanzielle Erwägungen. Meine Eltern haben große finanzielle Unsicherheit erlebt. Die waren lange selbständig, bis 2002 ihr Geschäft kaputtgegangen ist. Sie haben als Food-Fotografen gearbeitet, haben viele Kochbücher gemacht und gehörten zu den besten in Deutschland. Sie sind regelmäßig mit Medaillen ausgezeichnet worden. Als die Digitalfotografie aufkam, haben ihre drei Hauptkunden, von denen sie 20 Jahre lang hauptsächlich gelebt haben, innerhalb eines Jahres den Food-Foto-Bereich komplett dichtgemacht. Die ganze Folgezeit war finanziell sehr instabil. Mein Vater arbeitet mittlerweile im Weinhandel, meine Mutter ist Schlossführerin. Da hab ich mich gefragt: Willst du das wirklich? Wenn du irgendwo Konzertgitarrist bist und dich um deine Auftritte kümmern musst und zitterst, ob du am Ende des Monats genug Kohle auf dem Tisch hast.

Wir mussten in eine kleinere Wohnung umziehen. Dort hatten wir einen neuen Nachbarn. Er ist Pilot. Ich muss zugeben, der erste Reiz war, dass ich dachte, der hat ja ständig Urlaub, der ist ja ständig daheim. Die zweite Sache war, dass er erzählt hat, er fliegt jetzt nach Miami, Singapur oder Tokio. Da dachte ich: Cool. Wenn du so rumkommst, die fremden Städte kennenlernst und auch noch Geld dafür bekommst, das ist ja gigantisch. Und dann wollte ich einfach immer mehr darüber wissen.

Natürlich ist das Fliegen auch eine Belastung, das habe ich bei unserem Nachbarn auch nach und nach bemerkt. Wenn der aus Hongkong zurückkam, war er zwei Tage kaum ansprechbar. Aber trotzdem glaube ich, dass es sehr luxuriös ist im Vergleich zu Jobs, die von Einkommen und Verantwortung vergleichbar sind. Ein Freund von mir ist Anwalt in Stuttgart. Er macht sicher auch gut Geld und hat eine hohe Verantwortung, aber er arbeitet sechs Tage in der Woche 16 Stunden. Dagegen sind unsere Arbeitszeiten später echt ein Witz.

Und wenn ich die Ausbildung erfolgreich durchlaufe, kommt der Konzern mit einem Vertragsangebot auf mich zu, das steht schon so im Ausbildungsvertrag, und dann bin ich sicher bis zur Rente.

Machen dir Umweltszenarien Angst?
Definitiv, aber ich bin da jetzt als Pilot in keiner guten Argumentationsposition. Ich halte das so wie wahrscheinlich die meisten: Ich verdränge es. Ich versuche schon was zu machen, ich trenne den Müll und achte darauf, regionale Produkte zu kaufen. Aber es ist ja ein Witz, was man als einzelne Person machen kann. Derzeit habe ich auch kein Auto, aber das wird sich schnell ausgeglichen haben, wenn ich das ganze Kerosin in die Gegend puste.

Meine beste Freundin aus der Schulzeit studiert Geographie mit Schwerpunkt Humangeographie. Wir waren im September sechs Tage zusammen in Südtirol wandern und haben da viel drüber gesprochen. Da hab ich richtig gemerkt, wie mich ihre Angst angesteckt hat: dass einfach nicht gehandelt wird. Dass es eigentlich jetzt schon viel zu spät ist und immer später wird. Ich glaube, das wird noch ein richtig großes Problem werden.

Familie, Beziehungen

Nach meinem Abitur bin ich gleich zu meinem damaligen Freund nach München gezogen. Dort habe ich ein paar Wettbewerbe gespielt und mich auf das Musikstudium vorbereitet. Ich wollte nicht sofort anfangen zu studieren. Ich habe mich mit Jobs über Wasser gehalten, habe gekellnert und begonnen, Gitarre zu unterrichten. Ich habe das als sehr schöne Zeit empfunden, weil mir die Beziehung damals unheimlich wichtig war. Zuvor hatte ich ein knappes Jahr lang eine Fernbeziehung mit ihm geführt. Das hat mich fürchterlich genervt.

Vor zwei Jahren haben wir uns getrennt, und es fällt mir gerade total schwer, mir mich konkret in einer Beziehung vorzustellen. Ich habe das bis zum Ausbildungsende nicht eingeplant. Für den Zweck der Ausbildung ist das praktisch. Im Moment befreit mich das sehr. Danach möchte ich unbedingt wieder eine feste Beziehung führen.

Eine feste Beziehung ist das Einzige, wo ich glaube, glücklich werden zu können. Ich bin da sehr konservativ: Mein Idealbild eines harmonischen Lebens ist, mit einer Familie mit ein paar Kindern, Tieren und den Großeltern auf einem großen Anwesen zu leben. Ich werde das ziemlich sicher nie haben, weil ich nicht glaube, dass ich mal einen Partner kennenlerne, mit dem ich mir vorstellen kann, Kinder zu adoptieren. Keine Kinder haben zu können war das Härteste bei der Erkenntnis, schwul zu sein.

Dieser Erkenntnisprozess war langwierig und ziemlich hart. Es gibt eine Norm, mit der man aufwächst, dieses Bild, Männlein und Weiblein, die Kinder bekommen. Es ist kein leichter Weg. Vor meinem Outing habe ich in einer vollkommenen Parallelwelt gelebt, mir regelrecht eine Kunstwelt aufgebaut. Ich habe jedes Wort zigfach kontrolliert, bevor ich es ausgesprochen habe.

Wie formuliere ich, um bloß keine Aufmerksamkeit auf mich zu ziehen, um es bloß nicht schwul klingen zu lassen? Wie verhalte ich mich, wie bewege ich mich, wie ziehe ich die Jacke an? Das war alles ganz genau durchgeplant.

Mitbewohner: Ist das immer noch so?

Sebastian: Nein, jetzt versuche ich extra, mich schwul zu bewegen! *(lacht)*

Der härteste Schritt beim Outing war nicht die Angst, nicht akzeptiert zu werden, sondern die Welt aufzugeben, die ich mir geschaffen hatte. Es war eine große Erleichterung, mich im Internet mit anderen Schwulen austauschen zu können. Aber ich hatte immer eine Hand an der Maus, um sofort die Seite wegzuklicken, wenn jemand ins Zimmer kam. Man beschäftigt sich immerzu damit. Aber sobald andere da waren, habe ich mich bemüht, so zu tun, als würde es diese andere Welt nicht geben.

Dass ich schwul bin, habe ich erst mit 16, 17 ausgewählten Freunden erzählt. Es meiner Mutter zu sagen hat mich große Überwindung gekostet. Ich war zwei Wochen mit ihr im Urlaub und habe es mir jeden Tag vorgenommen. Erst nach dem Urlaub habe ich mich durchgerungen zu sagen: «Ich muss dir mal was erzählen.» Dann habe ich herumgedruckst, und meine Mutter hat gefragt: «Hast a Kind gebaut?» Ich musste über die Formulierung lachen, und ihr nächster Vorschlag war: «Dann bist schwul.» Ich sagte: «Ja.» Dann hatten wir ein ganz tolles Gespräch. Ein Wochenende später habe ich meinen Freund kennengelernt und habe ihn auch mit nach Hause genommen. Zu meiner Mutter habe ich ein sehr gutes, sehr enges Verhältnis. Wir erzählen uns wirklich alles und telefonieren täglich.

Ich bin in Füssen aufgewachsen, dort war das Outing kein Problem. Ich bin mit meinem Freund händchenhaltend auf der Straße gegangen, und wir haben uns auch geküsst. Füssen ist ein kleines Touristenstädtchen, das vom anliegenden Schloss Neuschwanstein lebt. Es wirkt dörflich, ist aber durch die vielen Touristen relativ weltoffen und aufgeschlossen. In einem anderen Ort wäre es bestimmt schwieriger gewesen.

Wenn ich auf der Suche nach Sex wäre, könnte ich im Internet zu jeder Zeit jemanden finden, der spätestens eine Viertelstunde später vor meiner Tür steht. Solche Foren erschweren es, auch in der schwulen Szene eine ernsthafte Beziehung zu führen.

Wir schauen uns die Seite ‹GayRomeo› an, auf der man Profile bewerten kann, mit Kriterien wie «hätte gern ein Kind mit dir», «süß» bis zu «geiler Schwanz». Seinen Online-Status kann man auf «Sex» stellen und auf die Stadt, in der man ihn sucht.

Dass ich schwul bin, erzähle ich, sobald mich jemand danach fragt. In dem Piloten-Kurs werde ich es nicht jedem auf die Nase binden, aber es ist auch okay, wenn es rauskommt. Nur meine Mitbewohner sollten wissen, dass ich schwul bin. Ich sage nicht: «Ich bin Sebastian, und ich bin schwul.» Es gibt genug anderes, über das ich mich definiere.

Der Kuchen ist fertig, er ist hervorragend gelungen.

«Meine Mutter hat mir empfohlen, es mal mit Wut zu versuchen»

Jessica

22

studiert in Jena im 4. Semester Geschichte auf Bachelor

macht gerade ein zweimonatiges Praktikum in der Gedenkstätte Buchenwald

Mit im Bus, der von Weimar hoch auf den Ettersberg fährt, wo Buchenwald liegt, sitzen eine Schulklasse und eine junge Familie, die Thüringer Dialekt spricht. Die Kinder Pascal und Jennifer vermelden mehrmals lautstark, dass sie lieber ins Atrium möchten, ein hiesiges Einkaufszentrum.

In Buchenwald empfängt mich Helmut Rook, Leiter der Jugendbegegnungsstätte. Wir hatten zuvor telefonisch besprochen, dass ich eine Gruppe von Lehramtsstudenten begleiten darf, während diese ein Seminar zur Zwangsarbeit macht. Es sind 20 Frauen und drei Männer, die insgesamt drei Tage in der Gedenkstätte verbringen werden.

Am Anfang sitzen alle im Kreis. Herr Rook hat verschiedene Bilder auf Pappe geklebt, jeder soll eines nehmen und beschreiben, was darauf zu sehen ist. Viele entscheiden sich für Zeichnungen der Häftlinge und Fotografien des Lagertors mit der bekannten Inschrift «Jedem das Seine». Sie kommentieren die schrecklichen Zustände im Lager: «Man sieht Leid und abgemagerte Häftlinge.» Rook zeigt andere Fotos, auch aus dem Album des SS-Kommandanten, und sagt: «Zur gleichen Zeit konnte es sehr unterschiedlich in Buchenwald sein.»

Später wird die Gruppe über das ehemalige Lagergelände und

darum herum geführt. Es ist sehr kalt und windig. Buchenwald liegt an einem Nordhang, den nie die Sonne trifft. Ich unterhalte mich auf dem Weg kurz mit einzelnen Teilnehmern. Alle wirken interessiert, und alle lehnen Kategorien wie Schuld und Verantwortung für den Holocaust ab. Als Lehrer wollen sie sich engagieren, die Erinnerung an die Verbrechen wachzuhalten. Zu Hause sei über die Nazizeit gesprochen worden, mit den Eltern offen, die Großeltern hätten herumlaviert. Ein Mädchen sagt: «Mein Opa war bis zu seinem Tod ein Nazi.»

Jessica, Praktikantin in Buchenwald, hat einen Teil der Führung übernommen. Es geht über den sogenannten «Carachoweg», über den die Gefangenen in das Lager getrieben wurden. Vor dem Lagertor bleibt Jessica stehen. Sie spricht leise, aber eindringlich. Sie erläutert die Strafpraktiken im Lager, die Prügel und das stundenlange Stehen auf dem Appellplatz, die öffentlichen Hinrichtungen. Sie sagt, dass Gefangene manchmal nachts in den Bunker neben das Lagertor gesperrt wurden, schildert eindringlich, wie sie dort stundenlang neben Unbekannten stehen mussten und sich einnässten. Aus ihren Worten spricht eine Betroffenheit, die das eigene Denken überlagert.

Ich könnte es vor mir selber nicht verantworten, wenn ich hier Führungen machen würde, die ich runterleiere, als wären es Zahlenkolonnen vom Gewinn des letzten Halbjahres. Buchenwald ist ein Ort, an dem Menschen gelitten haben, an dem Menschen gestorben sind. Diese Menschen muss ich würdigen. Ich bin es ihnen einfach schuldig, dass ich betroffen bin. Das hier nur als irgendeinen Job zu sehen geht für mich gewissenstechnisch einfach nicht. Man erfährt hier furchtbare Sachen. Zum Beispiel, wie Menschen ins Krematorium gebracht worden sind, um erdrosselt zu werden. Die Höhe der Haken reichte nicht einmal aus, dass ein Genickbruch zustande kam. Und wenn man dann weiß, die Menschen sind qualvoll erstickt – das ist einfach unglaublich. Dass Menschen in der Lage sind, anderen Menschen so etwas anzutun, dass sie in der Lage sind, den Wert eines anderen Menschen so geringzuschätzen, dass sie nicht mal ein schlechtes Gewissen deswegen haben, dass sie nachts noch ruhig schlafen können – das sind die Grausamkeiten, die einen unglaublich wütend, betroffen und traurig machen. Da kommt für mich der Punkt: Ich möchte, dass die nachfolgenden Generationen wissen, was hier passiert ist.

Ich habe neulich mit einem Zeitzeugen sprechen können, und ich weiß einfach, dass nicht mehr viele Generationen diese Gelegenheit haben werden, weil nur noch wenige Zeitzeugen am Leben sind. Daher ist es an uns, diese Geschichte weiterzugeben und sie lebendig zu erhalten.

Hast du in deiner Familie über die Zeit des Nationalsozialismus gesprochen?

Nur wenig. Mein Opa war in der Kinderlandverschickung in Ungarn. Man hat ihm angemerkt, dass er in dieser Gedankenwelt noch immer drinsteckte. Er war nicht rechtsradikal, aber ... Er ist Jahrgang 1929 und stammt aus einer Arbeiterfamilie, in der sich wenige kritisch mit dem NS auseinandergesetzt haben. Jetzt ist er zu alt, es ist nicht mehr möglich, mit ihm richtig über das Thema zu sprechen.

Bei meinen Eltern habe ich eine vollkommen andere Haltung erlebt. Eine Haltung, die von Toleranz, Akzeptanz und Offenheit geprägt war. Da wurde niemand wegen seiner Herkunft verurteilt. Das war das Kontrastprogramm zu meinem Opa.

Wie bist du darauf gekommen, das Praktikum in der Gedenkstätte Buchenwald zu machen?

Von der Uni sind sechs Wochen Praktikum vorgeschrieben. Ich habe auch überlegt, was in der Nähe ist. Und da ich die Arbeit in einer KZ-Gedenkstätte für sehr wichtig halte, damit die Verbrechen nicht in Vergessenheit geraten, war Buchenwald eine naheliegende Wahl. Vor dem Praktikum war ich nur einmal kurz hier und habe mir den Ort kaum wirklich ansehen können. Ich habe gemerkt, dass ich nicht so gut auf den Ort vorbereitet war, wie ich dachte. In der ersten Woche musste ich ganz schön schlucken. Dieser Ort hat eine ganz eigene Stimmung. Gerade im Krematorium – es wirkt einfach. Wenn man sich mal die Zeit nimmt, stehenzubleiben und sich bewusstzumachen, was da passiert ist, hat das eine sehr starke Wirkung. Und dann hat mich das in den ersten drei Tagen doch ein bisschen erschlagen. Immer noch fällt es mir schwer, hier jeden Tag wieder herzukommen. Egal, wo man hingeht, findet man Überreste des Lagers. Auch wenn man zum Mahnmal rüberläuft. Das ist eigentlich eine total schöne Umgebung, um spazieren zu gehen, aber man hat immer im Hinterkopf, was hier passiert ist. Ich musste erst mal meinen Weg finden, mit diesem Thema umzugehen und mich irgendwie mit diesem Ort zu arrangieren. Ich habe mit meiner Mutter darüber gesprochen, sie hat mir empfohlen, es mal mit Wut zu versuchen. Dass ich lieber wütend auf die Leute bin, die anderen Menschen so etwas angetan haben, als dass ich mich von Traurigkeit total zerreißen lasse. Ich bin irgendwann davon abgekommen, mir ständig bewusstzumachen, wo ich gerade bin. Auch in der Jugendbegegnungsstätte arbeite ich ja in ehemaligen SS-Kasernen. Irgendwann habe ich mir überlegt, dass es eigentlich Ironie ist, dass in den ehemaligen SS-Kasernen, wo Leute zu Unmenschlichkeit und Intoleranz erzogen wurden, jetzt eine internationale Jugendbegegnungsstätte ist, die genau das entgegengesetzte Ziel hat. So konnte ich mich ein Stück weit davon distanzieren. Irgendwo in meinem Kopf hat es «klick» gemacht. Seitdem geht es eigentlich, obwohl ich nach so einem Tag immer noch merke, wie es mir unter die Haut geht.

Vergangene Woche habe ich zum ersten Mal einen Teil der Führung durch das Krematorium übernommen. Dort zu sprechen fällt mir schon schwer. Buchenwald ist kein schöner Ort. Man muss halt versuchen, seinen Weg zu finden. Da gibt es leider kein Patentrezept.

«O. k., ich geh mal kurz prayen und bin zehn Minuten weg»

Rebecca

23

studiert Jura in Berlin

An einem Abend im August beim Fastenbrechen der muslimischen Jugend Deutschland (MJD), Lokalkreis Berlin, in einem Festsaal am Kottbusser Damm. Der Raum ist wie von einer unsichtbaren Grenze in zwei Hälften geteilt, in der einen halten sich die Männer auf, in der anderen die Frauen. Wenn die Familien aus dem Aufzug kommen, spalten sie sich dementsprechend auf. Rebecca und ich sitzen auf der Seite der Frauen, der «Schwestern», und verlassen diese den gesamten Abend nicht.

Wir sind die einzigen beiden Frauen im Raum, die ihr Haar nicht mit einem Kopftuch bedeckt haben. Rebecca trägt eines wie einen Schal um die Schultern geschlungen, nur zum Gebet legt sie es über den Kopf. Sie ist in einem nichtmuslimischen Elternhaus aufgewachsen und mit 16 Jahren in Tunesien zum Islam konvertiert. Normalerweise geht sie einmal in der Woche zum Mädchenkreis der MDJ, nun, während des Ramadans, kommt sie öfter.

Im Raum grüßt man sich, fragt nach dem Befinden und nach der Familie. Es scheint, als kenne jeder die Verwandtschaftsverhältnisse des anderen. Wie selbstverständlich werden arabische Ausdrücke wie «Al Hamdullillah» («Gott sei Dank») und «Inschallah» («So Gott will») in deutsche Sätze eingebaut. Viele der Anwesenden haben ihre Kinder mitgebracht, sie krabbeln zwischen den Tischen umher, kreischen und lachen. Ich werde aufmerksam und freundlich angeschaut, die Atmosphäre ist herzlich. Viele wirken erschöpft. Vor Sonnenaufgang haben alle das letzte Mal gegessen und getrunken. Ein Mann trägt eine Torte aus dem Aufzug, verdeckt mit einer Plastikhaube, als ein anderer neugierig schaut, sagt er: «Schau nicht drunter, tu es dir nicht an.» Auf den Tischen liegen Decken mit weißer Spitze und darüber Plastikfolien. Es gibt Schalen mit frischen Melonenstücken.

Ab 20.25 Uhr darf an diesem Abend gegessen werden. Bis dahin werden Schmuck, Porzellan und Bilder versteigert, der Erlös geht an Opfer der Flutkatastrophe in Pakistan.

Ein Mann mit Mikrophon spornt an: «Vergesst das Bild! Und wenn es ein Kuli wäre, spendet für Allah! Wollt ihr heute Nacht beweisen, dass ihr besonders seid? Dass ihr ein Vorbild seid? Wer bietet 500?» Er sagt, Allah würde siebenfach belohnen. Teilweise bilden sich Gruppen, auf beiden Seiten des Raumes, die ihr Geld zusammenlegen und gegeneinanderbieten. Manche überbieten sich sogar selbst, wenn kein anderer erhöht. «Hat jemand eine Uhr, die funktioniert?», raunt immer wieder jemand. Bei 810 Euro, für einen kleinen schwarzen Porzellanteller, auf dem in goldener arabischer Schrift «Allah» steht, ist plötzlich Schluss. «Möge Allah den Spendern das Paradies schenken», sagt der Mann mit dem Mikro und spricht ein Gebet, dann beißen die Ersten in die bereitgestellten Datteln und schenken sich Wasser in Plastikbecher. Auf beiden Seiten des Raumes steht ein Büfett, es gibt Linsensuppe, Lammgulasch, Hähnchen, Reis und Salat, zum Nachtisch werden Tee und selbstgebackene Kuchen gereicht. Rebecca langt ordentlich zu.

An einem Sonntagnachmittag, der Ramadan ist vorüber, empfängt mich Rebecca in ihrer Wohnung – obwohl sie nur noch eine Woche bis zur Abgabe ihrer Jura-Examensarbeit hat. Wir sitzen unter einem bunten Kronleuchter auf einer Sitzgarnitur mit verschnörkelten Lehnen. In der Ecke steht ein kleiner weißer IKEA-Schreibtisch mit den Unterlagen für ihre Abschlussarbeit. Rebecca beginnt sofort zu reden, viel und schnell, oft sagt sie: «Gott sei Dank.»

Geld

Einnahmen

Bafög: 550 Euro
Kindergeld: 184 Euro
Halbwaisenrente: 146 Euro
Von der Mutter: 120 Euro

Ausgaben

Miete, 55qm: 460 Euro
Strom: 37 Euro
Telefon, Handy, Internet, Fitness-Center: 70 Euro
Raten für das neue Handy: 10 Euro

«Es ist nicht so leicht, einen Job zu finden. In der Bar will ich nicht arbeiten, weil ich keinen Alkohol ausschenken möchte, und ich kann auch nur einmal die Woche, weil ich öfter mit dem Studium nicht schaffe, meist suchen sie jemanden für öfter. Bei meinem alten Job hab ich immer das Abendgebet verpasst, weil, bei 5 Stunden Arbeit, ohne Pause, kannst du auch nicht jedes Mal sagen, du musst nochmal zwischendurch 'ne halbe Stunde weg.»

Zu Ramadan habe ich mich sechs Wochen vom Fitness-Center abgemeldet, weil ich es zeitlich nicht geschafft habe. Da war das Essen immer so um 20.30 Uhr, davor, ohne Essen und Trinken, wollte ich nicht zum Sport, und danach war das Studio zu. Gerade im Ramadan hat man ja auch oft Leute zu Besuch oder ist selber eingeladen, da muss man einkaufen und kochen, und man macht ja auch nicht einfach nur Spaghetti Napoli, sondern schon was Größeres. Ich hab auch zugenommen. Ich fand es so schön im Ramadan, dass man sich auf die Religion besinnt und die anderen Sachen hintenanstellt. Im Alltag stellt man ja oft die Religion hintenan: Man will gerade beten, dann ruft Mama an, und man redet erst mal mit ihr. Oder jetzt muss ich die Examensarbeit fertig kriegen, mehr als beten schaff ich da oft nicht.

Tagesablauf	
7/8 Uhr	aufstehen, eine Stunde fertig machen und aufräumen, damit am Abend nichts mehr zu machen ist.
45 Minuten	Fahrt nach Potsdam
10–19 Uhr	in der Bibliothek
45 Minuten	Fahrt zurück
20 Uhr	daheim, Sachen ablegen, Sporttasche nehmen, ins Fitness-Center gehen (mit einer Freundin), zwei Stunden Sport (viermal die Woche,«ich sitz den ganzen Tag nur rum und hab das Gefühl, ich muss nach dem Kopf auspowern auch noch den Körper auspowern»)
22 Uhr	zu Hause, spätestens um 23 Uhr ins Bett.

Studium

Ich hab die Regelstudienzeit gut eingehalten. Ich bin schon eine fleißige Person, wenn es drauf ankommt. Jetzt schreibe ich gerade die Abschlussarbeit – über aktive und passive Sterbehilfe in der aktuellen Diskussion. Am Anfang waren alle neidisch auf mein Thema, weil man da seine eigene Meinung entwickeln kann, aber das ist sehr schwer. Ich hätte lieber «Vergleichen Sie das Rechtsgebiet mit dem Rechtsgebiet» zur Aufgabe. Da kann man in Büchern nachlesen und fertig. Aber zum Thema Sterbehilfe äußert sich jeder Trottel! Es gibt so viele Argumente dafür und dagegen, so viele Arten von Sterbehilfe, das kann man gar nicht mit einem Gesetz gerecht behandeln. In drei Monaten hab ich meine Schwerpunktsprüfungen in Wirtschaft-, Steuer- und Umweltstrafrecht, und das heißt praktisch: ab jetzt lernen.

Ich weiß noch nicht genau, was ich mit dem Studium später anfangen soll. Ich bastel mir ungern mein Kartenhaus so weit zusammen, da muss ja nur eine Sache schiefgehen *(sie schnipst mit den Fingern)*, und alles stürzt zusammen. Gott sei Dank, mit Jura kann man so viel machen. Ich könnte mir vorstellen, nach dem Studium für ein Jahr ins Ausland zu gehen und Arabisch zu lernen, das ist noch kein Kartenhäuschen, aber vielleicht eine Karte. Mein Englisch ist nicht schlecht, Gott sei Dank, Französisch könnte ich noch aufbessern ... aber wenn ich dann ein Jurastudium mit zwei Staatsexamen hab und vier Sprachen ... dann hab ich noch mehr Auswahlmöglichkeiten, auch wenn ich nicht weiß, was ich damit machen soll *(lacht)*.

Ich plane ungern so weit. Es kommt, was kommt. Mein Vater war zum Beispiel Hausbesetzer, und seine Tochter ist Jurastudentin! Passt gar nicht, der würde sich im Grab umdrehen, wenn er das wüsste. Der war ein bisschen freaky, hat Erzieher gelernt. Das hab ich damals noch nicht so verstanden, aber der war noch gar nicht reif, Vater zu sein. Der war erst 21, als ich geboren wurde ... und irgendwie noch mehr Kind als ich mit 16 *(lacht)*. Meine Mutter ist Sozialpädagogin. Kurz nach der Geburt meiner Schwester haben sich meine Eltern getrennt, da war ich sechs, und meine Mutter hat uns beide allein aufgezogen, sie hat immer wie eine Löwin für uns gekämpft. Mit meinem Vater war es ein bisschen schwierig ... Mal hatte ich Kontakt mit ihm, mal nicht ... Als ich 15 war, hatten wir voll den dämlichen Streit, nachdem er mich einmal nicht erreicht hat, weil ich das Handy nicht gehört hab, und dann war gar kein Kontakt mehr. Das muss man sich mal vorstellen! Er hat sich nach unserem Streit auch nicht mehr bei meiner Schwester gemeldet. Weder zum Geburtstag noch zu

Weihnachten ... Und es war das letzte Mal, dass ich ihn gesehen habe, das wusste ich damals aber natürlich nicht.

Als ich mit der 10. Klasse fertig war, hatte ich so unglaublich keine Lust mehr auf Schule. Meine Mutter, meine Schwester und ich waren drei Wochen im Urlaub in Tunesien in einem Hotel, da fahren wir jedes Jahr hin, seit ich sechs bin. Dort hat der Chefanimateur mich gefragt, ob ich nicht bei diesen Tanzshows mitmachen wollte, «Grease» und «Lord of the Dance». Und dann fand er mich so toll, dass er meinte, er bräuchte noch jemanden in meine Richtung. Gäste kommen ja auch lieber zu einer Europäerin wie mir, mit 'nem Problem, als zu 'nem Araber, sag ich jetzt mal.

Ich hab das in Berlin meinem Schuldirektor erklärt, und dann war ich ein Jahr in Tunesien in verschiedenen Hotels als Kinderanimateurin. Ich hatte immer Kontakt zu meiner Mutter, die wusste, dass es mir gutgeht. Aber ich würde das meiner 16-jährigen Tochter im Leben nicht erlauben! Ich hab sie mal gefragt: «Was hast du dir eigentlich dabei gedacht?» Sie hat gesagt: «Ich hab dir einfach vertraut. Du warst so reif.» Ich hatte davor auch schon meine eigene Wohnung, hier in diesem Haus. Meine Mama, ihr neuer Mann und meine Schwester haben einen Stock drüber gewohnt. Abends haben wir uns immer auf einen Kaffee zusammengesetzt und ausgetauscht, das war unser Ritual, das war schön. Wir telefonieren jetzt noch jeden Abend. Sie ist die beste Mama der Welt, ich weiß, ich kann immer, wenn ich was hab, zu ihr kommen, und sie fragt nicht mal, warum ich ein Problem hab, sie löst es einfach.

Seit dieser Zeit ist Tunesien mein absolutes *(legt ihre Hand aufs Herz)* zweites Lieblingsland. Natürlich gibt es auch Dinge, die nicht so schön sind, über die Politik braucht man nicht zu reden, sollte man auch nicht, also als Tunesier vor allem. Das ist natürlich nicht schön, aber ich will ja auch keinen tunesischen Pass.

Tunesien war das Beste, was mir je passiert ist, weil ich da den Islam zum ersten Mal so kennengelernt habe, wie es sich gehört. Wenn man hier die angeblichen Vertreter des Islam sieht, also viele Türken und Araber, da muss man ja denken, die haben alle 'nen Sockenschuss. Oder die Taliban! Wenn die Leute ein bisschen nachdenken würden, dann würden die die Verknüpfung zwischen Islam – was ja «Frieden» heißt – und Terrorismus – was überhaupt nicht Frieden heißt – nicht herstellen, aber viele Leute rennen irgendwas hinterher und hinterfragen es nicht. Ich finde: Glauben ist die eine Sache, aber wir müssen rational bleiben.

In Tunesien habe ich es so erlebt: Egal, ob du was zu Hause hast oder bettelarm bist, Brüdern und Schwestern im Glauben, denen gibst du. Ich musste mir das selber erst beibringen, aber jetzt gebe ich, ohne ein schlechtes Gefühl, 20 Euro, und ich bin Student. Wenn ich nach Hause komm, denke ich, Gott sei Dank, du warst in der Uni, du konntest was lernen, du guckst in den Kühlschrank, und es ist was drin. Es gibt so einen Hadith, also eine Überlieferung vom Propheten, da wird auch gesagt, dass der Prophet, Alaihi's-Salam, «Friede sei mit ihm», halt meinte, du kannst so viel Geld machen in deinem Leben, wie du willst, mit ins Grab nehmen kannst du nur die guten Taten. In Tunesien hatte ich einen Kollegen, der besaß nur einen Koffer, das war alles. Und ich glaub, der war glücklich. Von ihm habe ich viel über den Islam gelernt, ich hatte dann auch einen eigenen Koran, in dem ich vieles nachgelesen habe, und dann bin ich konvertiert. Das macht man grundsätzlich mit der Schahada, dem Glaubensbekenntnis. Ich hab das vor zwei Zeugen gemacht, meinem Kollegen und seiner deutschen Ersatzmama, die war auch schon konvertiert. Mit dieser Konvertierung bist du Muslim.

Schulisch ging es bei mir viel besser, als ich aus Tunesien zurückkam. Nach meinem Fulltime-Job im Hotel wusste ich, ich werde nie wieder so ein entspanntes Leben haben wie in der Schule.

Gott sei Dank waren meine Mama und meine Schwester ganz offen. Wenn ich zu Hause zum Essen eingeladen bin, sagt meine Mama: «... gibt Spaghetti Bolognese, is auch vom Türken!» Bei meiner Schwester hab ich noch die Hoffnung, dass sie da auch irgendwann mal ... nicht dass ich sie da therapiere, aber ich merk schon, dass sie das auch interessiert, und ich wünsche mir das natürlich für sie. Aber man muss ja nichts überstürzen. Das mag ich zum Beispiel auch an den Tunesiern. Die sind viel entspannter. Zehn, zwanzig Minuten zu spät kommen, das stört die gar nicht. «Rendezvous Arabe», sagt die Schwester von meinem Mann dazu ... Daran muss man sich natürlich auch erst gewöhnen, aber dann ist man mit allem entspannter.

Du hast gerade «mein Mann» gesagt?

Ja, ich hab ihn in dem Hotel, in das wir jedes Jahr fahren, kennengelernt. Er ist Tunesier, das erzähl ich aber immer nicht so gern, weil die Leute es dann nicht so ernst nehmen. Die belächeln das und unterstellen, dass er bestimmt nur einen deutschen Pass möchte. Wenn ich noch sag, dass ich Muslim bin, dann sind immer alle ganz entsetzt und glauben, er hat mich gezwungen. Ich erkläre jedes Mal, dass ich das schon vorher war und er leider auch nicht so praktizierend ist, dann sind sie erleichtert – obwohl ich gerne hätte, dass er ein bisschen intensiver praktizieren würde. Er heißt Kerim und ist 24.

Er studiert Tontechnik und richtet Musik und Licht in dem Hotel. Wir fanden uns schon vor vier Jahren gut, aber so schnell geht das bei mir nicht. Und es war ja klar, dass ich nach 'ner Woche wieder weg bin, und selbst ich, obwohl ich da ein Jahr gelebt hab, hab ganz ehrlich Vorurteile gegenüber Hotel-Mitarbeitern, weil die oft eine nach der anderen abschleppen. Aber er hat gar nicht versucht, mich aufzureißen, wir haben uns einfach gut verstanden. Es ist nichts passiert, und im nächsten Jahr fanden wir uns wieder gut und haben aber wieder nichts versucht. Ich hatte immer das Gefühl, das ist ein guter, lieber Mensch ... Na ja, als Erstes dachte ich: Ähämm! Du siehst aber gut aus! Aber ich dachte auch, der arbeitet hier, lass den mal lieber. Ich glaub, das fand er auch gut an mir ... Im dritten Jahr haben wir uns wieder getroffen und dann endlich die zwei Wochen im Urlaub jeden Tag miteinander verbracht. Meine Mutter und meine Schwester haben ihn dadurch auch gleich kennengelernt und mochten ihn. Das war im August vor zwei Jahren, danach haben wir uns jeden Tag gehört, und Ende September bin ich nochmal hingefahren.

Er hat mich mit einem Freund zusammen vom Flughafen abgeholt. Es war Ramadan, und wir sind essen gegangen. Als er mich danach zu meinem Apartment gebracht hat, hab ich ihm gesagt: Es ist schon zwei Uhr nachts, morgen ist wieder Fasten, ich bin total müde, lass mich mal, ich ruf dich an, wenn ich wach bin. Als er heimkam, hat ihn sein Vater gefragt, was mit mir los sei und ob ich allein keine Angst hätte. Kerim hat ihm gesagt, ich hätte ihn rausgeschmissen, und da hatte ich bei seinem Vater schon 'nen Stein im Brett *(lacht)*.

Als ich von dieser Reise nach Hause kam, war mein Vater tot. Ein Polizist hatte geklingelt und es meiner Mutter gesagt. Leberzirrhose. Seine Freundin hatte uns gesucht, weil er uns nochmal sehen wollte, konnte uns aber nicht ausfindig machen, weil wir nicht im Telefonbuch stehen. Der Tod hat mich gar nicht so fertiggemacht, Menschen sterben nun mal, aber dass ich nicht nochmal mit ihm reden konnte ... Ich hätte ihm gerne gesagt, dass ich zwar ganz schön enttäuscht war, aber nicht sauer ... *(sie weint)* Ein paar Monate später ist dann der Mann von meiner Mutter gestorben. Das war ein scheiß halbes Jahr. Aber es hat mich nicht umgehauen. Ich bin nicht der Mensch, der zu Hause sitzt und sich selber leidtut. Ich finde es supertraurig und werde es immer traurig finden, aber die Trauer bringt mich nicht um. Die Religion gibt mir Kraft.

Glaube

Seit ich mich in Tunesien für die Religion entschieden hab, war es mit Alkohol, Schweinefleisch und so vorbei. Auch den Ramadan hab ich gleich gefastet. Aber das Pflichtgebet mache ich erst seit einem Jahr. Ganz lange hab ich es vor mir hergeschoben, weil ich dachte, das kann ich ja nicht in meinen Alltag einbauen, man findet immer eine Ausrede, wenn man möchte. *(Sie holt ihren Gebetszettel, ein Papier, auf dem alle Uhrzeiten stehen, und zeigt ihn mir)* Gestern war das Morgengebet von 5.18 Uhr bis 6.56 Uhr. Also die ganze Periode, solange der Sonnenaufgang ist. Momentan steh ich um kurz nach 5 auf und leg mich dann wieder schlafen. Dann ist um 13 Uhr Mittagsgebet, das geht bis zum Nachmittagsgebet um 16.30 Uhr. Die beiden mach ich in der Uni. Das war mir am Anfang total unangenehm, weil es keinen Gebetsraum gibt. Die Sekretärin meinte, ich sollte mal im Kanonischen Institut nachfragen. Ich hab gesagt: «Ich bin kein Katholik, ich bin Muslim.» Seitdem verstehen wir uns nicht mehr so gut, ich weiß nicht, warum, vielleicht hat sie zu viel RTL2 geguckt ... Ich hab mir dann einfach selber einen Platz gesucht, es gibt im Treppenhaus so einen Behindertenaufstellplatz, das ist eine Nische, ein mal ein Meter, da stell ich mich rein, und Gott sei Dank laufen da die Leute nicht so oft lang. Momentan, in der Bibliothek, geh ich in die letzte Reihe und mach das da. Manche Leute sind respektvoller, die verlangsamen den Schritt, andere gehen direkt vor meiner Nase lang. Ich weiß nicht, was die denken, dass ich Gymnastik mache?

Viele sind überrascht, weil man es mir nicht ansieht. Wenn du 'ne Türkin siehst, is klar, wenn du 'ne Deutsche mit Kopftuch siehst, is auch klar, aber wenn du 'ne Deutsche ohne Kopftuch siehst ... Noch ziehe ich es nur zum Beten an, das ist Gültigkeitsvoraussetzung.

Oft mache ich das Mittags- und das Nachmittagsgebet so nah beisammen, dass ich die rituelle Waschung nicht zweimal machen muss, die mache ich sehr ungern an der Uni. Ich gehe dafür auf die Unitoilette. Man wäscht die Hände, spült den Mund dreimal und die Nase, wäscht das Gesicht dreimal und die Arme, einmal macht man den Haaransatz nass und die Ohren und eben noch die Füße. Im Hauptgebäude haben wir eine Behindertentoilette, da kann man alleine reingehen, aber in der Bibliothek müsste ich mir erst einen Schlüssel holen, und dann würde die Aufsicht mich ja fragen, warum ich auf die Behindertentoilette will. Auf der normalen Toilette gucken die Leute schon. Ich weiß nicht, was sie denken. Sagt ja keiner was, aber sie schaun halt. Bei meinen Freunden oder meiner Familie zu Hause stört mich das alles nicht, die kommen damit auch voll gut klar. Ich sag nur: «O. k., ich geh mal kurz prayen und bin zehn Minuten weg.» Was die anderen Menschen von einem denken, ist immer so krass wichtig. Dabei kann es einem eigentlich egal sein. Aber so eine Haltung muss man sich erst mal aneignen.

Das Abendgebet mach ich meist hier zu Hause, dann geh ich zum Sport, und wenn ich wiederkomme, mach ich noch das

Nachtgebet. Das zieht sich so durch den ganzen Tag. Manchmal ist das auch anstrengend, weil ich den Einkaufszettel oder die spätere Verabredung im Kopf habe, das geb ich zu. Manchmal bete ich auch, wie wenn ich einkaufen würde, einfach, weil ich es erledigen will ... Aber wenn ich mir Mühe gebe, dann schalte ich für zehn Minuten von der Welt ab, wo ich die ganze Zeit am Hektiken und Rumrennen bin und es allen recht machen will. Man besinnt sich in dem Moment auf die wichtigen Sachen, Alltagsstress oder Ärgernisse werden ganz klein. Auch, was die Leute über mich denken, wird dann egal.

Wenn ich meine Periode habe, bete ich nicht. Man ist gestresst, von den Hormonen anders, oft hat man auch Rückenschmerzen, man ist nicht so ganz bei sich, und ich muss sagen, ich fühl mich auch nicht so richtig sauber, wenn ich meine Tage habe. Man muss in der Zeit nicht beten und das auch nicht nachholen. Ich merke, wie mich die Umwelt und mein Alltag total in Beschlag nehmen, wenn ich nicht mein Gebet habe, das mich fünfmal am Tag daran erinnert: Was will ich eigentlich?

Es heißt immer, die muslimischen Frauen sind unterdrückt. Die westliche Frau denkt, sie kann alles machen und sei frei. Aber sie ist abhängig von der Meinung anderer und dem Modediktat. Was wird einer Frau hier durch Filme und Werbung vermittelt? Schau gut aus, sei begehrenswert! Ich habe das auch noch manchmal aus meinem vorigen Leben, dass ich morgens in den Spiegel schaue und erschrecke und lieber die Augenringe abdecke.

Mir fällt es schwer, Gewohnheiten abzulegen. Besonders schwer war es, nicht mehr wegzugehen, und das hab ich auch nicht von Anfang an gelassen. Ich tanze unglaublich gern. Meine Freundinnen haben mich immer wieder gefragt, ob ich mit will, und ich hab immer abgelehnt, aber innerlich hab ich am Anfang noch so einen kleinen Teufel gehabt, der hat gesagt: «Ach, komm, du hast doch die ganze Woche so hart gearbeitet.» Ich hab mich quasi selber ausgeschlossen. Aber die besoffenen Leute, in einem engen Club, fremde Körperteile an Orten, wo ich sie nicht haben möchte. Die Sünde ist da um mich, auch wenn ich sie nicht selbst begehe. Je näher man ihr kommt, desto größer ist die Versuchung.

Ich bin früher auch im Minirock rumgelaufen. Wie die Männer geguckt haben, wenn ich mir durch die Haare gefahren bin, noch ein bisschen Lipgloss drauf ... Man kennt es ja nicht anders. Aber jetzt, wenn sich eine Frau vor mir in der U-Bahn bückt, und ich seh ihr Riesen-Dekolleté, dann denk ich: «Mann! Du hast doch bestimmt was in der Birne! Willst du nicht 'nen Mann mit was anderem beeindrucken als mit deinen zwei Megabrüsten? Und wenn jeder weiß, wie dein Hintern aussieht, weil ihn alle am Strand im String-Tanga gesehen haben, was ist dann noch für deinen Mann besonders daran?» Ich glaube, indem man Sachen zurückhält, bleiben sie wichtig. Manches muss man nicht mit allen teilen. Erfahrungen machen ist gut, aber dieses Geiern danach und das Gefühl, wenn man nicht alles gemacht hat, hat man was verpasst ... Nee! Es gibt Sachen, die muss man nicht gemacht haben.

Noch einmal zu deinem Ehemann ...

Es ist nicht mein Ehemann, aber das Problem ist, ich stelle ihn nicht gerne als meinen Freund vor, weil das immer so ein falsches Bild vermittelt. Freund in Deutschland, das ist oft so *(sie klatscht in die Hände und macht dann eine Bewegung, als werfe sie Müll über ihre Schulter)* unverbindlich. Und bei uns ist es nicht so *(sie klatscht nochmal und macht die gleiche Geste)*, und deswegen sag ich ungern «Freund». Er ist aber leider auch noch nicht mein Ehemann, darum sag ich «mein Mann», ich finde das schöner. Aber er hat mich seinen Eltern vorgestellt, und das hat er zuvor noch mit niemandem gemacht. Da stellt man eigentlich nur denjenigen vor, mit dem man sich verlobt. Das sind wir nicht, aber wir wissen beide, dass wir uns lieben. Wir reden nicht über unsere Zukunft, wir haben beide diese Kartenhaustheorie: Nicht zuviel auf einmal planen. Ich werde auch mein Studium nicht über den Haufen werfen, weil mir da unten mein Traumprinz auf dem Teppich angeflogen gekommen ist. Wenn es stimmt, dann hält es auch so. Wir sehen uns etwa dreimal im Jahr, je nachdem, wie viel Zeit wir haben. Ich wohne dann bei seiner Familie, was in der Straße schon für Getuschel sorgt.

Wir küssen uns schon ... Aber es ist schwer ... Ich kenne das halt noch von früher, wie es ist mit einem Mann ... Und da sitze ich schon manchmal da und würde gern ... Aber was soll man machen? Musste dich halt versuchen, dran zu halten. Aber ich kann nicht behaupten, dass mir das superleicht fällt. Man fühlt sich ja auch zueinander hingezogen, wenn man sich liebt. Ich habe noch nicht gelesen, ob Küssen eine Sünde ist. Aber Küssen ist ja kein Sex. Ich bin natürlich nicht ohne Fehler, niemand ist ohne Fehler, das Einzige, was man machen kann, ist, an ihnen zu arbeiten und zu hoffen, dass Allah einem vergibt. Also das darf man nicht übertreiben, sonst könnt ich ja jetzt auch mit 'nem Minirock rausgehen und mir ein Bier kaufen.

Mein Mann betet momentan nicht, aber ich wünsche mir für ihn, dass das noch kommt. Wenn ich diese Hoffnung nicht hätte, hätte ich schon längst gesagt: «Ich liebe dich über alles, aber nee, das geht nicht.» Ich merke auch, wenn ich da bin, dass es ihn ein bisschen anfrisst, wenn da seine Deutsche den Gebetsteppich rausholt. Ich hoffe, dass ihn das ein bisschen anspornt, wenn wir mal länger Zeit miteinander verbringen.

Was in der Zukunft kommt, weiß ich nicht. Man sagt auf Arabisch «Allahu alem», also: «Nur Allah weiß es.» Ich kann alles dafür machen, dass wir irgendwann mal zusammen sind, aber ich weiß es nicht, und auch er weiß es nicht.

Auf ihrem Handy-Bildschirm ist ein Foto von Kerim mit seinem kleinen Neffen.

Leuten, die von vornherein abweisend über ihn und unsere Beziehung reden, sag ich immer *(ihre Stimme wird bedrückt und leise, sie schaut unschuldig)*: «Das ist mein Sohn, aber Sie wissen ja, wie das mit den Arabern ist, da hat die Frau nix zu melden, und er als Vater hat das Sorgerecht, ich sehe mein Kind nur dreimal im Jahr ...» *(sie lacht laut)* Ich kann mir das nicht verkneifen, ich kläre es dann aber auf.

Zum Abschied schenkt sie mir ein DIN-A5-großes Blatt mit Atomkraft-Nein-Danke-Stickern. Sie habe zwei davon von ihrer «Ökomama» – sie sagt das sehr liebevoll – bekommen und wisse nicht, was sie damit machen soll. Dann schiebt sie mich zur Tür, um Ruhe zu haben, die Zeit für das Abendgebet läuft ab.

«Ich hätte lieber einen Pferdekalender»

Karla
23
Hannover
macht im 3. Lehrjahr eine Ausbildung zur Tischlerin

Karla lebt in Linden-Nord, einem Stadtteil mit Kopfsteinpflaster, Trinkhallen, Kiosken und Cafés, die Latte Macchiato anbieten oder Linsensuppe und Shawarma. Seit zweieinhalb Jahren wohnt sie mit einer Freundin, Joanna, einer Medizinstudentin, im obersten Stock eines Altbaus. Wer die Wohnung betritt, muss sich als Erstes mit der schreckhaften Hündin anfreunden. An der Tür bekommt man Leckerli, mit denen in den ersten Minuten ihre Gunst erworben werden muss. Drinnen gibt es Dielen und helle Holzregale voller Bücher. In der Küche hängt über dem Holztisch ein Pferdekalender. Gläser voller Mehl, Zucker, Tee, Nudeln und Gewürze stehen in den Regalen. Karla sagt, es sei ein «sehr intensives Zusammenwohnen».

Ausbildung

Für die Ausbildung in einer Tischlerei hab ich mich entschieden, weil ich was Handfestes wollte, nicht so was Emotionales. Ich hab mich schon immer vom Bauen angezogen gefühlt, und ich wollte etwas machen, wo ich am Abend nach Hause komme und nicht mehr drüber nachdenken muss. Ich habe lange nach einem Ausbildungsplatz gesucht, manchmal wurde mir gesagt:

«Nee, wir nehmen keine Frauen, die können nicht so schwer tragen.» Es gibt schon Betriebe, in denen Frauen arbeiten, aber in Bereichen, in denen Entscheidungen gefällt werden, arbeiten nur Männer. Ich wusste, als ich mich dafür entschieden hab, dass es auch anstrengend werden wird.

Geld
Einnahmen
Lohn: 430 Euro (netto)
Kindergeld: 184 Euro
Wohngeld: 60 Euro («das war ein harter Kampf»)
Eltern: 100 Euro («unter der Hand, wegen des Wohngeldes»)
Ausgaben
Miete/Heizen: (aufs WG-Konto) 280 Euro
Essen: 100–150 Euro
Benzin (im Winter): 50 Euro

In meinem jetzigen Betrieb haben sie entspannter reagiert, die haben auch davor schon Frauen ausgebildet. Der Chef sagt, Frauen seien zuverlässiger. Aber klar machen die Männer auch Sprüche, besonders, wenn wir auf dem Bau sind. Wenn da mal eine Frau vorbeiläuft, dann sagen die: «Ah, geiler Arsch!», und dann wird davon ausgegangen, dass ich auch irgendwas geil finde, halt bei den Typen. Mich nervt das oft. Auf dem Klo hängt der typische Kalender mit nackten Frauen. Mittlerweile hängt da auch einer mit Männern. Weiß nicht, woher der kommt. Ich hab gesagt, ich hätte lieber einen Pferdekalender.

Im Urlaub ist mir aufgefallen, dass ich in den zwei Wochen wieder angefangen habe, mich normal zu unterhalten. Bei der Arbeit können wir fachsimpeln, aber alle weiteren Unterhaltungen sind auf Sprüchebasis. Ich verstehe nicht alle, aber jedes Mal will ich auch nicht fragen, ich bin da eh schon der Exot, weil ich mich vegetarisch ernähre. So ganz bin ich noch nicht dahintergekommen, wie meine Arbeitskollegen im Einzelnen ticken. Wenn meine Kollegen mich beim Frühstück fragen, wie mein Wochenende war, sag ich: «Ja, alles topp», dann lachen alle, und dann geht's weiter ... Aber wenn ich anfange, davon zu reden, was mich wirklich beschäftigt, dann gucken die wie Autos.

Körperlich ist es wirklich eine Herausforderung, und ich hab ordentlich Muskeln hier dazugekriegt *(zeigt ihren Oberarm)*. Als Tischler musst du aber auch nicht die ganze Zeit nur Holz hin und her tragen, da geht es viel um Geschicklichkeit. Den Typen tut es auch nicht gut, immer alles zu tragen. Ein Kollege, der Rudi, ist schon seit vier Wochen krankgeschrieben, weil sein Körper «starke Abnutzungserscheinungen» hat. Ich glaube, vielen Betrieben geht es gar nicht um die Muskelkraft, wenn sie Frauen nicht einstellen. Sondern vor allem um das Arbeitsklima. Irgendwie denken Männer, sie müssten sich vor Frauen für schlechtes Benehmen rechtfertigen, sei es wegen Rumgemotze oder bloßem Rumgepupse. Darauf haben die Typen keinen Bock und wollen unter sich bleiben. Zu mir meinte ein Kollege, dass es, wenn Frauen da sind, nicht so ruppig und so prollig ist – er fand das positiv.

Neben der Ausbildung kann ich total wenig machen, weil ich so viel Zeit brauche, in der ich nur dasitze und gucke. Zeit zum Nichtsmachen. Als die Ausbildung im Betrieb losging, habe ich all meinen Freundinnen Briefe geschrieben und sie um Verständnis gebeten, wenn ich die nächsten zwei Jahre wenig Zeit habe. Von außen betrachtet, mache ich ja gar nichts, aber ich brauche das, sonst funktioniere ich nicht. Sich ernst zu nehmen muss man erst mal lernen. Früher hatte ich oft Bauchschmerzen oder Verdauungsprobleme, war erkältet und hatte permanent Zuckungen am Auge. Wenn Freunde was mit mir machen wollen und ich sag, das wird mir zu viel, merk ich, dass die enttäuscht sind, ich hatte schon richtig Streit deswegen, aber es geht einfach nicht mehr. Mein Vater hat immer gesagt: «Wenn dein Auge zuckt, dann musst du alles lassen. Das darf nicht sein.» Und das mache ich jetzt. Ich denk dann: Ach, Karla, mach mal langsam.

Aufwachsen

Ich bin in einem kleinen Ort in der Nähe von Hannover groß geworden. Meine Mutter arbeitet an der Volkshochschule, mein Vater ist Lehrer am Gymnasium, und ich hab eine Schwester, 30, und einen Bruder, 29. Wenn die Nachbarskinder Rallye gemacht haben, gab es immer die Frage: «Wer ist die Familie, die in dem bunten Haus wohnt?», und das waren wir. Unser Haus war grün, hatte rote Fenster und ein blaues Dach. Es kommt mir vor, als wären wir immer anders gewesen. Meine Geschwister waren Punker, und meine Eltern sind aufgefallen, weil sie nicht im Schützenverein waren oder weil meine Mutter nicht mit den TSV-Damen in der Sauna saß. Ich hab immer probiert, so normal wie möglich zu sein, wollte, dass mein Vater öfter den Rasen mäht, oder hab mir abends im Bett überlegt, welchen Boden man verlegen könnte, damit unser Haus gesitteter aussieht. Einmal ging der Schützenumzug genau bei uns am Haus vorbei, und meine Schwester hat sich vermummt an unseren Zaun gestellt und ein Schild hochgehalten, auf dem stand: «Ruhestörung!» Ich hab mich unter der Treppe versteckt und in den Boden geschämt. Als ich ein bisschen größer wurde, war ich dann richtig schicksig-tussig unterwegs. Einmal saßen wir im Garten, und meine Mutter hat sich gestreckt und ihre Arme dabei über den Kopf gehalten, sodass man ihre Achseln sah, und hat auf meinen Blick hin gesagt: «Ja, Karla! Ich rasiere meine

Achselhaare nicht!» Zu der Zeit hatte ich noch nicht mal Achselhaare, aber enge Hosen und Push-up-BHs und Ohrringe, und ich hab mich geschminkt. Und hatte auch noch 'nen Freund mit Moped, Adidas-Pulli und Buffalos. Für meine Eltern war es ein großes Thema, dass ich so anders war. Aber es war eine coole Zeit für mich – bis ich gemerkt habe, dass es nicht mehr so richtig passte.

Einmal gab es zum Beispiel einen Naziaufmarsch im Nachbardorf, und wir wollten zur Gegendemo. Aber die Eltern von meiner einen Freundin waren stockkonservativ, CDU, die haben gehetzt gegen die radikalen Linken, und meine Freundin und ich kamen in einen Wertekonflikt. Daran ist die Freundschaft dann zerbrochen. Oder auch, dass immer alle so Schimpfworte wie «Behinderter» oder «Schwuchtel» oder «Fotze» sagen, das fand ich mit der Zeit immer nerviger.

Mit meinen beiden besten Freundinnen, Hanne und Mia, haben wir uns dann zu dritt abgewendet, und wir haben im Nachbarort mit anderen Antifa gemacht.

Damals hab ich mir die Haare abgeschnitten und hatte plötzlich keine Brüste mehr, weil ich die Push-ups weggelassen hab. Als ich nicht mehr für alle die schöne junge Frau war, hab ich bemerkt, was für eine große Rolle das Äußere spielt. Das Nicht-Rasieren war das Schlimmste. Da wurdest du in der Schule echt für gejagt. Das fanden alle richtig eklig. Ich bin in einer Generation aufgewachsen, wo es normal ist, dass Frauen keine Haare haben, nirgends, außer am Kopf. Wir haben das als Unterdrückung wahrgenommen. Ich dachte immer, ich bin doch nur so, wie ich bin. Und fand es krass, dass die anderen das so krass fanden. Es kam vor, dass ich von einem Frauenklo weggeschickt wurde, weil sie mich für einen Jungen gehalten haben.

Feminismus

Als wir nach Hannover gezogen sind, hat sich die Antifa-Gruppe aufgelöst, und Hanne, Mia und ich haben eine Frauengruppe gegründet. Wir wollten über Sachen sprechen, über die wir vor Männern nicht so offen sprechen würden ... z.B. Gefühle, Sexismus und Feminismus. Wir waren alle schon mal in Gruppen gewesen, in denen es auch Männer gab, und die hatten die Gruppen immer dominiert oder uns so beeindruckt, dass wir ganz gehemmt waren. Da hatten wir keinen Bock drauf. Erst wollten wir unsere eigene Meinung entwickeln. Und zusammen stärker werden. Ich hatte zum Beispiel oft das Gefühl, dass Männer Angst vor mir haben, weil ich nicht so klein und gut zu händeln bin. Früher hab ich mich immer schief hingestellt, damit ich kleiner wirke. Durch den Austausch mit meinen Freundinnen und dadurch, dass wir das Anderssein gefeiert haben, konnte ich dann immer besser zu meiner Größe stehen.

«Frauen an der Nadel» war eine Veranstaltung von uns, da haben nur Frauen Musik aufgelegt und zum Beispiel darauf geachtet, dass auch weibliche Interpreten gespielt wurden. Das hat Bock gemacht.

In der Gruppe gingen die Diskussionen aber irgendwie immer mehr in eine Richtung, die mir nicht mehr gefallen hat, es wurden Frauen dafür verachtet, dass sie Stöckelschuhe und Minis tragen, oder dafür verurteilt, dass sie sich rasieren. Das finde ich nicht richtig. Alle sollten das so machen, wie sie es wollen und wie sie es schön finden, unbewertet. Es ist gefährlich, eine Person wegen ihres Äußeren nicht ernst zu nehmen. Das passiert in der Szene aber ganz viel.

Politischsein

In dem Wohnprojekt, in dem ich kurze Zeit später gelebt hab, war das auch so. Da hab ich es dann nicht mehr ausgehalten. Ich finde, manche dort haben eine abwertende Art Leuten gegenüber, die nicht so reflektiert sind oder nicht so aufgeklärt oder sich irgendwie anders verhalten als sie. Wenn ich was von der Arbeit erzähle, finden die meine Tischlerkollegen nur dumm und verurteilen sie. Im Prinzip genau das, was sie abschaffen wollen. Und dann herrscht untereinander eine Coolness-Hierarchie. Das ist schon fast wie auf meiner Arbeit, da geht es auch nicht drum, wie es dir geht, sondern, was du machst. Stress mit Bullen, Stress mit Nazis, Stress mit Mackern, Demos, Konzerte und Reiseberichte – das sind Themen, die gut gehen im Wohnprojekt. Ich habe da das Gefühl, ich muss mithalten, mich in den Vordergrund spielen, um überhaupt gehört zu werden.

Es herrscht auch eine Grundüberzeugung, dass man nicht mit Parteien oder Bürgerinitiativen zusammenarbeitet. Die, die das tun, werden schnell als heuchlerisch oder politisch unkorrekt verurteilt. Oft kommt das ja auch hin, aber diese Haltung, man wüsste alles besser, nervt. Es ist nicht angesehen, wenn du offensichtlich schwach bist, öfter Hilfe brauchst oder bei Gruppenprozessen nicht so schnell bist. Meist wird man dann einfach ignoriert, die Gruppe wird «mit der oder dem nicht warm». Mir geht es oft so in Gruppen. Aber ich denke, da spielen viele Faktoren eine Rolle.

Mir fallen schnell zwischenmenschliche Missstände auf, oder ich bin sehr sensibel, was das betrifft. Wenn jemand Demos organisiert, Konzerte und Kontakte hat, aber in einer Beziehung ist, in der es dem Partner schlechtgeht, oder in Wohnverhältnissen lebt, wo die Hälfte leidet, wenn ich mich nicht um mich und um die Leute in meiner unmittelbaren Umgebung kümmern kann, wie soll das denn dann im Großen funktionieren?

Gleichzeitig bin ich froh, dass es die Gruppen gibt, die sich um alles kümmern und Strukturen aufbauen gegen Hausdurchsuchungen, Straßenkontrollen, Mitnahmen auf die Wache. Aber ich weiß, dass es für mich keine Lösung ist, immer alles zu organisieren und keine Zeit für meine Freunde zu haben. Und das ist so in der Szene. Da sind alle immer ständig überarbeitet, ständig gestresst, ständig überfordert. Fühlen sich im Grunde allein und einsam, reden aber nicht drüber. Wenn einer sagt, es wird mir zu viel, dann wird da drüberweggegangen, das wird oft gar nicht akzeptiert.

Meine Vorstellung für die Zukunft ist, dass ich wieder mit Hanne und Mia zusammenlebe, in einem größeren Haus mit Garten und so, wo man einander nah ist. In unser Haus könnten dann auch Leute kommen, die keinen Aufenthaltsstatus haben oder sich erholen müssen.

Joanna kann sich das auch vorstellen. Aber momentan leben wir noch zu zweit. Wir essen zusammen, wenn wir beide hier sind, und wir gehen gemeinsam zur Hundeschule, zum Kung Fu oder joggen und verabreden uns mit anderen zum Kochen. Haushaltsorganisatorisches besprechen wir immer und probieren, wie wir das mit dem Geld am besten machen ***(auf dem Küchentisch liegt ein kleines Buch, in das beide ihre Ausgaben eintragen)*** – eine Zeit lang haben wir auch Sachen, die jeder für sich machen will oder erledigen muss, füreinander strukturiert. Immer Sonntagabend um sieben haben wir Strukturtreffen, danach schauen wir Tatort, das ist unser Ritual.

Frausein

Ich hab schon öfter gedacht, dass ich gerne ein Junge wäre. Ich stelle mir dann vor, dass Äußerlichkeiten ein Stück egaler sind, ich hätte auch lieber die gesellschaftliche Rolle von einem Mann. Wenn ich mit meinen Freundinnen zusammen bin, bin ich eine sehr präsente Person. Da mach ich Späßchen und bin laut und aktiv – wenn es öffentlicher wird, werde ich oft ruhiger und schüchterner.

Ich weiß, dass ich weibliche Geschlechtsorgane habe, aber ich fühle mich nicht als Frau. Ich frage mich auch: Wie fühlt es sich denn überhaupt an, so als Frau? Ich komm da irgendwie nicht dahinter, da kommt mir kein logischer Gedanke. Ich finde den Satz schon im Kopf total absurd zu sagen: «Ich bin eine Frau ...» Ich kann mit der Kategorie nicht so viel anfangen, obwohl ich mich davon angesprochen fühle.

Bei mir war es so, als ich etwa 15 war, hat der Frauenarzt festgestellt, dass ich mehr männliche Hormone habe, als es normal ist. Der Arzt meinte, dass ich die Pille nehmen könnte, um einen Ausgleich zu schaffen. In meinem Kopf war das, als müsse ich mich jetzt entscheiden, ob ich ein Junge werden will.

Ich hab mir dafür viel Zeit genommen und nachgedacht, aber ich konnte mich nicht entscheiden. Ich habe nichts genommen oder gemacht. Ich hab mir damals gedacht, das wird sich schon einpendeln. Ich hatte eh immer das Gefühl, dass ich sehr langsam bin, dass mein Körper länger braucht. Meine Periode ist immer noch sehr unregelmäßig und sehr wenig. ***(Sie verliert den Faden, dreht die Lampe, die sie anstrahlt, weg.)*** Auch dass ich Brüste hab, hab ich zwischendurch immer vergessen. Also gerade in der Zeit, wo wir darauf geschissen haben.

Wie vergisst man das?

(sie umschließt eine Brust mit ihrer Hand) Na ja, sie sind ja recht klein, und ich hab nie BH getragen, in der WG mit Hanne und Mia sind wir manchmal oben ohne rumgelaufen. Da hatte ich so das Gefühl, dass ich sie vergessen habe, und dann sind sie auch gar nicht mehr gewachsen. Irgendwann hab ich dann wieder angefangen, Sport-BHs zu tragen, weil ich wieder ein bisschen mehr dran denken wollte und weil ich eigentlich schon Lust habe, noch ein bisschen größere Brüste zu kriegen. Mittlerweile kann ich meinen Körper annehmen, und die beste Lösung für mich ist, einfach zu sagen: Ich bin Karla.

Mit Kalle, meinem Ex-Freund, war es auch immer völlig klar: Ich bin Karla, er ist Kalle. Da war nicht ich die Frau und er der Mann. Als wir zusammenkamen, hab ich gesagt: «Ich bin nicht so die typische Frau.» Er meinte: «Ich weiß zwar nicht, was du meinst, aber es ist in Ordnung.» Ich hab mich immer gut gefühlt, als Karla, und nie gedacht, ich müsste jetzt weiblicher sein.

Und jetzt, ohne Kalle, auf Neuentdeckung, merke ich, dass ich total orientierungslos bin bei der Partnerwahl. Manchmal finde ich Frauen interessant, aber dann denke ich: He! Das sind garantiert alles Heterofrauen, die wollen bestimmt nichts von dir. Da weiß ich gerade überhaupt nicht, wo ich hinwill oder hingehöre. Ich hatte jetzt auch was mit einem ... Mann so. Und da hab ich mich zwischendurch schon gefühlt, als ob ich 'ne Frau bin. Er ist ein typischer Junge, der hat entweder Jungsfreundschaften oder Mädchenbeziehungen. Für den bin ich garantiert eine Frau.

«Ich habe immer das Gefühl, ich muss noch mehr machen»

Natalie
24
lebt gemeinsam mit einer jüngeren Schwester und einem jüngeren Bruder bei ihren Eltern in einem Vorort von Hamburg
studiert Soziologie in Bremen
«Ich würde sagen, ich komme aus einer typischen Mittelschichtfamilie. Ich bin in einem Einfamilienhaus mit Garten groß geworden.»
Sie hat noch eine sechs Jahre ältere Schwester, die bereits ausgezogen ist.
Natalies Vater war Fertigungsleiter, ist aber seit einem Jahr arbeitslos.
Ihre Mutter ist Hausfrau, sie ist contergangeschädigt.
Natalie ist seit zwei Jahren verheiratet.

Natalie hat wenig Zeit, «am einfachsten ist es noch am Wochenende». Als wir uns an einem Sonntagmorgen um zehn Uhr in einem Café treffen, wirkt sie überhaupt nicht gestresst, sondern nimmt sich Zeit, sich auf meine Fragen einzulassen. Als es ans Bezahlen geht, kann ich sie nur mühsam davon überzeugen, sie einladen zu dürfen.

Nach dem Abi wollte ich ein Auslandsjahr machen und zunächst als Au-Pair nach Amerika, aber meine Englisch-Kenntnisse waren so weit, dass ich nicht viel Gewinn gemacht hätte. Einer meiner Lehrer fragte: «Warum fährst du nicht nach Japan?»

Schon vor meinem Abflug hatte ich mich auf freie Stellen beworben und dann gleich ein paar Vorstellungsgespräche vereinbart. Das erste Gespräch hatte ich schon am Tag meiner Ankunft, bei einer kleinen Privatschule, in der Englisch unterrichtet wird. Ich war 18 Stunden unterwegs, supernervös, und hatte kein Auge zubekommen. Dann musste ich vom Airport in die Stadt fahren. Das U-Bahn-Verkehrsnetz von Tokio ist der Wahnsinn. Das ist superkompliziert gewesen. Aber es hat sich gelohnt.

In dieser Sprachschule habe ich während der gesamten Zeit gearbeitet. Ich hatte ein Work- and Travel-Visum, aber ich habe mehr geworkt als getravelt. In der Probezeit, während der ersten drei Monate, habe ich wenig verdient und täglich zwölf Stunden gearbeitet. Es war ziemlich hart, weil ich gerade so über die Runden kam. Gewohnt habe ich in einem Zimmer mit sieben weiteren Mädchen. Insgesamt war unsere Unterkunft 35 qm groß. Ich bin ein ziemlich toleranter Mensch, aber irgendwann komme auch ich an meine Grenzen. Es war eine internationale WG, in der halt verschiedene Kulturen aufeinandergetroffen sind. Manche fingen um sechs Uhr morgens an, Fisch vorzubereiten, und man konnte nicht lüften ... Einige wuschen und bleichten ihre Wäsche in der Dusche und stellten den Air-Conditioner auf heiß, um sie zu trocknen. Irgendwann entstand dieses feucht-tropische Klima in dem Zimmer, und das war echt eklig. Es ging teilweise echt ans Limit. Mädchen sind ja auch manchmal schwierig. Wir wussten nie, welche Tageszeit gerade war, weil es nur ein kleines Fenster gab, das genau auf ein anderes Bürogebäude zeigte, sodass nie die Sonne reinschien. Der Schlafbereich – es gab Stockbetten – wurde durch kleine Vorhänge abgetrennt, aber es gab keinen Rückzugsort. Wenn ich mal lernen wollte, kam ich zu nichts. Nach einem halben Jahr wurde ich an der Sprachschule in einer Vollzeitstelle fest angestellt und habe ganz gut verdient, 15 Euro die Stunde.

Da bin ich mit meinem damaligen Freund, meinem jetzigen

Mann, zusammengezogen. Anfangs mehr aus ökonomischen Gründen, ich wollte aus dem Zimmer raus. Wir haben uns ganz gut verstanden und sind auch ziemlich schnell zusammengekommen. Wahrscheinlich, weil ich im Hinterkopf hatte: Probier's oder lass es, trial and error. Er hat als Call Agent im Schichtdienst gearbeitet und davor den BA in internationaler Politik in Kalifornien gemacht.

Studium

Als sich mein Aufenthalt dem Ende näherte, haben wir uns gefragt, wie wir jetzt weitermachen. Die Beziehung sollte nicht daran scheitern, dass mein Visum ausläuft. Wir haben uns dann von dort aus hier beworben, er bei der Jacobs University in Bremen, die bieten englischsprachige Programme an. Ich habe daher auch einen Studiengang in Bremen gewählt, Soziologie.

Ich habe mich auf Wirtschaftssoziologie spezialisiert und plane, mich nach dem Bachelor für einen Master in Wirtschaftspsychologie zu bewerben. Ich weiß, dass es superschwer ist, mit Soziologie Fuß zu fassen, die Konkurrenz ist groß. Durch die Bildungsinflation muss man sich irgendwie anders profilieren. Darum eigne ich mir über Praktika und Nebenjobs Know-how aus der Praxis an und erwerbe über meine politische Arbeit Schlüsselqualifikationen. Aber das macht heutzutage ja jeder. Du bist nicht auf der sicheren Seite. Englischsprechen ist auch kein Aufstiegskriterium mehr, sondern bloß noch ein Nicht-Abstiegskriterium.

Für die Spezialisierung auf Wirtschaft habe ich mich entschieden, weil ich glaube, da in der Zukunft besser einen Beruf zu finden. Gerade in einer internationalen Ehe ist das Abhängigkeitsverhältnis sehr groß. Man weiß nicht, wo man seinen Wohnsitz haben wird; es ist wichtig, was zu machen, das international geht. Wirtschaft ist so ein Bereich.

Nebenjobs

Ich arbeite, seit ich 16 bin. Damals habe ich begonnen, mir was dazuzuverdienen, und als ich 18 war, wurde dann mein Taschengeld gestrichen. Ich musste also auch arbeiten, um mir Kinobesuche mit Freunden und so weiter finanzieren zu können. Meine Eltern konnten mich leider nicht unterstützen, weil sie sehr hohe Fixkosten haben. Das habe ich ihnen nie krummgenommen, das ist halt manchmal so. Weil diese Ausgaben aber nicht mitberechnet werden und mein Vater zu viel verdient hat, habe ich keinen Anspruch auf BAföG.

Momentan arbeite ich bei einer Personalberatung. Das ist nicht als Einstieg in eine Karriere gedacht. Sondern ich kann dann in meinen Lebenslauf schreiben, dass ich schon Erfahrung habe, mehr soll das nicht sein.

Für viele Leute, die immer nur studiert haben, ist es komisch, morgens regelmäßig zur Arbeit zu kommen. Man sieht auch an der Uni immer wieder Leute, die sagen, heute habe ich keine Lust, da gehe ich nicht hin – so funktioniert das aber nicht. Wenn du so was zwei-, dreimal machst, bist du weg in der Wirtschaft.

Während der letzten Monate, in den Semesterferien, habe ich 45 Stunden die Woche gearbeitet, aber ich habe meine Stundenzahl jetzt etwas gedrosselt, weil ich Klausuren schreibe. Jetzt arbeite ich noch 30 Stunden die Woche, eigentlich würde ich gern auf 20 Stunden kommen, weil ich ja noch pendeln muss, von Hamburg nach Bremen. Von Tür zu Tür brauche ich ungefähr zweieinhalb Stunden. Ich bin sehr produktiv in der Bahn. Trotzdem bin ich am Abend nach fünf Stunden Pendeln supermüde. Und auch in den Vorlesungen bringe ich nicht die Leistung, die ich eigentlich bringen könnte. Ich fahre drei Tage die Woche an die Uni und arbeite an zweien bei der Personalberatung. Ich versuche die Arbeit immer gut zu machen. Ich habe auch das Gefühl, dass meine Arbeit ganz gut ankommt. Ich habe nicht viel Zeit für Dinge, aber wenn ich mir die Zeit nehme, dann versuche ich auch mit ganzem Herzen dabei zu sein.

Ich überprüfe für die Personalberatung Profile potenzieller Kandidaten für offene Stellen, schreibe sie an, telefoniere mit ihnen. Am Anfang habe ich mich überfordert gefühlt. Wir waren auf der Suche nach drei offenen Profilen – Senior Certified Project Manager, Senior Certified Bid Manager, Senior Certified Demand Manager –, davon hatte ich noch nie was gehört. Und dann sollst du auf einmal den Headhunter spielen. Ich muss die Kandidaten nach bestimmten Stichworten suchen, eigentlich stupide. Ich kopiere den Link des Xing-Profils von der Person, von der ich meine, dass sie passt, in ein Word-Dokument und schicke es den Beratern. Tatsächlich entsprechen die Kriterien, nach denen ich die Auswahl treffe, dem typischen Klischee: Leute ab 50 zu vermitteln ist schwierig, auch Arbeitslose sind nicht gern gesehen. Gerade Langzeitarbeitslose, weil sie Probleme haben, sich wieder auf den Arbeitsmarkt einzustellen, wieder in einen Rhythmus reinzukommen. Jetzt ist die Arbeit sehr routiniert. Ich fühle mich dort sehr wohl. Früher habe ich als Call Agent gearbeitet, wo man alle 30 Sekunden eine neue Person an der Strippe hat. Da war ich zwei Jahre lang, das ganze Abitur hindurch. Davor hatte ich einen Minijob an der Kasse bei S.Oliver in der Innenstadt, und als Schülerin hatte ich einen Job bei einer Fastfood-Kette. Dort waren die Arbeitsbedingungen auch ganz schön schlecht.

Uns wurden die Taschen zugenäht, damit wir kein Trinkgeld annehmen konnten. Wenn man ein Plus in der Kasse hatte, haben die es behalten, bei Minus wurde es uns vom Gehalt abgezogen. Wenn ich hin und wieder Trinkgeld bekommen habe, habe ich es mir in die Socken gesteckt. Danach habe ich babygesittet und Nachhilfe gegeben.

Ehe

Als wir nach Bremen zum Studieren kamen, habe ich als EAS-Kraft gearbeitet – das steht für «elektronische Artikelsicherung». Meinen Mann musste ich finanziell auch noch ein bisschen Huckepack tragen. Er ist von der Jacobs University in Bremen nicht angenommen worden und hatte Depressionen. Er konnte die Sprache nicht und fühlte sich als Außenseiter. Es war wirklich eine sehr, sehr schwierige Zeit. Ich bin damals sehr dünn geworden, und meine Eltern haben sich große Sorgen um meine Gesundheit gemacht. Eine Zeit lang wog ich nur noch 43 kg.

Ich kam nach Hause, dort war mein Mann, der keine Motivation hatte, überhaupt etwas zu machen, geschweige denn den Haushalt. Ich nehme ihm das nicht übel, denn in Arbeitsmarktökonomik habe ich gelernt, wie das bei Leuten ist, die zum Beispiel arbeitslos sind. Ich glaube, man kann das sehr gut auf ihn übertragen: Leute, die sehr wenig Zeit haben, nutzen die wenige Zeit, die ihnen zur Freizeit bleibt, sehr sinnvoll. Wenn du arbeitslos bist, hast du Zeitlöcher. Du hast zwar sehr viel mehr Zeit zur Verfügung, aber du schaffst nicht mehr als jemand, der weniger Zeit hat.

Ich habe 5,40 Euro pro Stunde verdient und 80 Stunden im Monat gearbeitet, damit ich an die 400 Euro rankam. Das Studium war immer ein bisschen Nebensache. Das hätte es vielleicht nicht sein sollen, weil ich nur die halbe Leistung gebracht habe. Dennoch, die finanziellen Sorgen waren das größere Problem. Mein Mann hat einen Sprachkurs gemacht, es war ganz gut, dass er so ein bisschen Rhythmus hatte und nicht den ganzen Tag nur rumlag. Ich bin am Abend von der Uni nach Hause gekommen, habe abgewaschen und gestaubsaugt. Danach bin ich zur Arbeit gegangen, in den Supermarkt. Diese Etiketten aufkleben, das war die stupideste und eintönigste Arbeit, die ich jemals machen musste.

Wir haben geheiratet – weil ich nicht wollte, dass er geht. Ich weiß nicht, ob er Deutschland so gut findet, hier ist er ja meinetwegen. Nach dem einem Jahr hat er sich nochmal neu für einen Masterstudienplatz beworben, diesmal auch für deutschsprachige Programme. Innerhalb eines halben Jahres hat er, und davor habe ich die größte Achtung, sein Sprachniveau von null auf Universitätslevel gebracht. Jetzt studiert er Friedens- und Konfliktforschung in Magdeburg.

Ich bin dann aus Kostengründen zurück zu meinen Eltern gezogen, von wo ich nach Bremen pendele. In Magdeburg wohnt mein Mann alleine mit unserem Hund. Wir sehen uns kaum, es sei denn, es ist Weihnachten oder so, dann kommt er natürlich vorbei. Aber mein Semesterticket reicht nur bis Hannover, und von dort aus muss ich ja noch nach Magdeburg. Das kostet 70 Euro, das ginge aus Kostengründen gar nicht jedes Wochenende. Und jetzt macht er bald ein Praktikum in Nepal, da können wir uns nicht mal in den Semesterferien sehen. Ich hatte anfangs überlegt, ob ich auch zur Uni Magdeburg wechsle, aber dort wird Soziologie nicht angeboten. Ich bin zwar ein romantischer Typ, aber für mich hat das Studium Vorrang. Ich denke mir immer, wenn diese Beziehung wirklich etwas ist, dann läuft er dir nicht weg. Jetzt müssen wir unser Ding durchziehen, jeder für sich. Noch ein Jahr, dann hab ich meinen Bachelor und er seinen Master.

Aber manchmal habe ich Angst, dass wir uns auseinanderleben könnten. Ich habe mich sehr entwickelt seit Japan. Ich war 20, als wir geheiratet haben. Wir hatten auch schwierige Phasen, und manchmal habe ich das Gefühl, das belastet uns immer noch. Ich würde nicht sagen, dass ich nachtragend bin, aber dass er Depressionen hatte, dass ich oft gestresst war, das belastet eine Beziehung. Zu Hause bin ich jetzt wieder Tochter und muss mich weder um Wäsche noch Geschirr kümmern. Ich brauche ihn nicht mehr fragen: «Hast du deine Hausaufgaben gemacht?», und fühle mich nicht wie eine alleinerziehende Mutter. Ich vertraue ihm, ich glaube nicht, dass er dort jemand anderen hat, aber ich glaube, dass man sich schnell in unterschiedliche Richtungen entwickeln kann. Ich habe manchmal Angst, dass ich auf ihn runterschaue, dass ich ihm was zeigen muss, ihm vermitteln muss. Dass ich denke, er ist zu sehr von mir abhängig, und daher alle Dinge selbst in die Hand nehme. Ich habe ihm zum Beispiel damals auch seine Bewerbung geschrieben, das Motivationsschreiben, alles Mögliche ... Ich weiß nicht, ob wir nächstes Jahr wieder zusammenwohnen werden. Er wollte nochmal ins Ausland, ich auch. Ich will meinen Master machen, er wird anfangen zu arbeiten, das wird wahrscheinlich am leichtesten in Japan sein. Und ein Studium in Japan kann und möchte ich mir nicht finanzieren. Da wird noch eine Zeit kommen, die sehr schwierig ist. Mir graut auch ein bisschen davor.

Bei Bewerbungen sage ich immer gleich, dass wir geographisch getrennt voneinander wohnen. Das sagt keiner offen, aber weil ich verheiratet bin, unterstellt man mir, dass ich in der Familienplanung bin. Ich mache ganz klar, dass ich kein Interesse habe, jetzt eine Familie zu gründen. Vorher möchte ich andere Dinge tun.

Ich habe immer das Gefühl, ich muss noch mehr machen. Erfahrung kann man nie genug sammeln. Ich bin Frühaufsteherin, aber wegen der Fahrt lege ich mir die Vorlesungen erst auf zehn Uhr, da muss ich um Viertel nach sieben von zu Hause los. Um sechs stehe ich auf.

Mein Zimmer bei meinen Eltern ist nach meinem Auszug vor zwei Jahren umfunktioniert worden in ein Büro, es gibt kein Bett mehr, nur zwei Schreibtische. Ich schlafe auf dem Boden oder auf der Couch, wo gerade Platz ist, mit einer Decke und einem Kissen. Fast wie damals in Japan. Abends muss ich zwar oft noch lernen, aber mir fallen dann doch irgendwann die Augen zu. Ich habe Probleme, mich zu konzentrieren.

Ich weiß nicht, ob du es mitbekommen hast, aber ich bin ein bisschen ehrgeizig. Ich habe immer Angst, ich stehe irgendwann still. Ich weiß nicht, ob das mit meiner älteren Schwester zusammenhängt, die drogenabhängig ist ... oder war ... Wir haben keinen richtigen Kontakt mehr zueinander. Daher waren meine Eltern immer sehr ängstlich und vorsichtig. Es ist alles ein bisschen schwieriger gewesen, vielleicht bin ich deswegen ehrgeiziger. Ich hatte immer das Gefühl, dass ich mich beweisen möchte und dass aus mir – im Gegensatz zu meiner Schwester – doch etwas wird. An meinem Vater sehe ich, wie schnell eine Karriere vorbei sein kann. Wenn ich meine ältere Schwester sehe, sie hat keine Ausbildung, ist alleinerziehende Mutter, das ist auch schon schwierig, und jetzt ist sie 28 – da ist es vorbei. Ist halt so. Ich hatte immer im Kopf, es kann auch anders sein.

Politik

Am Wochenende mache ich Politik oder gehe Kaffee trinken. Netzwerken, finde ich, ist eine superwichtige Sache. Auch abends habe ich unter der Woche meistens noch Veranstaltungen und Treffen. Meine Liebe zur Politik habe ich bei einem Praktikum bei der Konrad-Adenauer-Stiftung entdeckt. Dort habe ich gemerkt, dass man nicht in eine Partei geht, weil man das Parteibuch gefressen hat, sondern weil es eine Möglichkeit ist, Sachen zu verändern, mit Menschen ins Gespräch zu kommen und aktiv an etwas mitzuarbeiten. Gleichzeitig habe ich für mich selbst entdeckt, dass ich vielleicht doch eher Sozialdemokrat bin. Als Hamburger gehöre ich eher der pragmatischen Linken an, sozial-liberal, würde ich sagen. Das passt mit meinem Wirtschaftssoziologiestudium super zusammen. Man hat Wirtschaft, das ist das Rationale, aber hat trotzdem das Menschliche mit drin, den Bezug zur Realität.

Politik ist mein Hobby. Ich bin da sehr ambitioniert, und ich kann auch so was sagen wie: Wenn sich jemand nicht integrieren kann, dann gehört er raus. Selbst wenn das jetzt hart klingt oder es nicht meine Meinung ist – ich darf es sagen. Die Leute wissen, mein Vater ist arbeitslos, meine Mutter ist contergangeschädigt, hat also eine Behinderung, und mein Mann ist Ausländer. Ich werde so zum Beispiel nicht sofort als ausländerfeindlich abgestempelt.

Wenn du in der Politik einen Fehler machst, bekommst du es sofort zurück – die Erfahrung habe ich leider auch schon gemacht. Man muss lernen, wie man sich nach außen hin geben muss. Dass Politik immer ein Miteinander ist, aber dass die Leute, mit denen du zusammenarbeitest, dir leider auch in den Rücken fallen können. Das erinnert mich immer so ein bisschen an Schach. Es ist spannend, und ich finde es auch soziologisch interessant, wie sich die Dynamiken innerhalb von und zwischen Gruppen entwickeln. Man hat ja dieses Wir-Gefühl, das sich entwickelt. Je größer der Feind, desto größer ist der Zusammenhalt in der Gruppe.

Ich habe viele Sachen gelernt, zum Beispiel, vor Leuten zu sprechen, vor Hunderten von Leuten meine Meinung zu sagen. Auch wenn diese Meinung nicht einmal meine eigene ist.

Für die Zukunft plane ich, meinen Distrikt ein bisschen zu verjüngen, also viele jüngere Leute mit ins Boot zu holen. Das mache ich, indem ich mit Leuten Kaffee trinken gehe und soziale Netzwerke stark nutze, Facebook, StudiVZ, SchülerVZ.

Netzwerken beziehe ich nicht nur auf Politik. Man lernt viele spannende Leute kennen, die ja alle noch was anderes machen. Das ist sehr vielseitig, in jede Richtung. Neulich habe ich einen Bundestagsabgeordneten wegen meinem Papa angehauen, mit dem saß ich zusammen in einem Hotel-Café. Ich habe gesagt: «Du, wie sieht's aus, mein Papa ist arbeitslos, kannst du da nicht irgendwas machen?» Er kümmert sich jetzt drum.

Der Begriff «netzwerken» klingt immer so nach Kalkül, aber das sehe ich nicht so. Ich bin ja auch Teil eines Netzwerkes. Ich nutze es nicht nur für mich, sondern auch für andere Leute. Vielleicht ist Netzwerken für mich eher, viele Leute kennenzulernen und mich gut mit ihnen zu verstehen. Ich schließe Freundschaften nicht aus, stelle aber von vornherein klar, dass ich viele Leute treffe. Ich lade sie auch nicht zu mir nach Hause ein oder gehe jede Woche mit ihnen ins Kino, sondern mache klar, dass man ein *weak tie* ist: Ich bin für dich da, du bist ein superinteressanter Mensch, und ich kann dir nützlich sein.

Die meisten Freunde, die ich jetzt habe, sind aus der Partei. Wir gehen am Wochenende auch mal feiern oder sitzen am Abend zusammen. Da mischt sich das sehr, das Private und das

Politische. Man tratscht einfach, und dann werden Dinge nach außen getragen. Das wirkt unprofessionell und vermittelt einen schlechten Eindruck. Das alles ist noch sehr schwierig, da muss ich erst mal reinwachsen.

Ich bin eigentlich sehr vorsichtig, Vorsicht ist besser als Nachsicht. Ich höre auch häufiger, dass ich sehr kontrolliert bin. Ich bin zwar ein offener Typ, halte mich mit Informationen aber sehr zurück. Ich nehme mich selbst aber gar nicht als kontrolliert wahr, eher das Gegenteil. Vielleicht erzähle ich nicht so viel Persönliches, aber ich sage zum Beispiel immer gleich am Anfang, dass ich verheiratet bin, um abzuklären: Sorry, aber mehr ist nicht drin.

Politik ist so ein richtiger Kosmos, und du musst lernen, wie der funktioniert und welchen Gesetzen er folgt. Es ist knallhart, aber es bringt viel Spaß. Am Anfang hat man noch ein bisschen Welpenschutz, aber wenn man es nach einem Jahr nicht begriffen hat, ist es relativ schnell zu Ende. Wenn du wirklich was verändern willst, solltest du karrieristisch sein und sagen: Der Zweck heiligt die Mittel. Ich möchte was Gutes tun, aber dafür muss ich auch dort- und dorthin. Damit meine ich aber nicht, dass man rücksichtslos oder unethisch handeln soll. Mann muss es abwägen und weniger zögerlich sein, wenn es um einen selbst geht. Man muss quasi sofort auf den Zug aufspringen, wenn er vorbeifährt, und nicht erst lange überlegen, was alles passieren könnte, wenn man den Sprung wagt. Denn sonst ist der Zug weg, bevor man sich überhaupt zu etwas entschlossen hat, und man ärgert sich hinterher nur.

In der Politik rutsche ich überall durch wegen der Frauenquote. Wenn es dann aber um Mandate geht, bei denen nur eine Stelle zu besetzen ist, merkt man sofort, dass gesagt wird: Die hat nie gelernt, ihre Ellenbogen einzusetzen. Während die Männer von

Anfang an lernen: ich muss mich durchboxen, ich muss Mehrheiten organisieren, ich muss mich so und so verkaufen. Ich habe auch mit vielen Vorurteilen zu kämpfen, weil ich im Gegensatz zu anderen Frauen sehr ehrgeizig bin. Dazwischen bewegt es sich. Ich merke selbst, dass ich mir immer so ein bisschen die Tortenstücke raussuche: Ich bin sehr emanzipiert, aber wenn ich mich von jemandem einladen lassen möchte oder die Tür aufgehalten bekomme, dann finde ich das natürlich auch ganz angenehm.

Sich als Karrierist zu outen ist nicht gut. So, wie ich das mache, ist das schon nicht schlecht. Man muss immer sagen, ich bin engagiert, aber kein Karrierist. Karrieristen beißen sich durch und machen es nur, weil sie es müssen, gezwungenermaßen also. Engagement ist es, weil man es von Herzen tut.

«Es ist doch egal, ob man einen kleinen Schwanz oder einen großen Busen hat»

Henning
24
lebt am Niederrhein und ist freiberuflicher Fotograf

Henning wartet nachmittags auf der Reeperbahn auf mich, vor einem Laden, wo wir am Abend durch die Finissage seiner Ausstellung gehen werden.

Erfolg

Fotomäßig habe ich viel erreicht. Meine letzte Ausstellung war auf der ganzen Welt, sogar in Japan und in Rio, dort kamen 10 000 Besucher. Das ist einfach verrückt. Arte hat einen Porträtfilm über mich gedreht.

Seit ich zehn Jahre alt bin, trage ich immer eine Kamera mit mir herum. Schon in der Schulzeit habe ich fotografiert. Ich war gerade 16, als mich die Redakteurin vom ‹Rolling Stone› um Bilder aus Haldern gebeten hat, wo jährlich ein großes Indie-Popfestival stattfindet. Sie wusste natürlich nicht, dass ich erst 16 war, sondern fand einfach meine Bilder gut – ein Freund hatte sie ihr gezeigt. Ich war gerade mit Freunden im Urlaub und musste die Bilder verschicken, sie brauchte sie am nächsten Tag. Ich hatte kein Auto. Meine Eltern sind 400 Kilometer gefahren, um mir die Bilder zu bringen, damit ich sie auswählen konnte. Danach wurde ich immer mal wieder von denen beauftragt. Ich weiß noch, wie ich einmal mitten in einer wichtigen Klausur ans Telefon gegangen bin, weil mich die Bildredakteurin angerufen hat. Auf Klassenfahrt in Berlin bin ich abends abgehauen, um R.E.M. zu fotografieren.

Wie wichtig sind Inszenierung und Auftreten für dich?
Vernissagen mag ich nicht sonderlich, da kommen Leute zu mir und sind so superfreundlich – das wirkt alles so gezwungen und aufgesetzt. Jeder will sich abheben und inszenieren. Deswegen lebe ich auch nicht in Berlin. Berlin, Discos, auch das Melt-Festival, das ist für mich manchmal wie ein Zirkus. Da kommt so eine Arroganz raus, «wir sind hip, wir sind was Besseres, weil wir schön sind und stilvolle Kleidung tragen», das hasse ich. Das ist alles Fassade, im Grunde kommt es doch auf den Menschen und die Werte dahinter an. Dafür interessieren sich die wenigsten ernsthaft. Die meisten sind auf sich bedacht, und alles ist so schnelllebig!

Kannst du deinen Körper beschreiben?
Dann mache ich das mal so, wie wenn das eine Kontaktanzeige wäre: Mein Name ist Henning, ich habe dunkelblondes, gelocktes Haar, gerade zum Zopf gebunden. Für einen Mann habe ich sehr dickes Haar, um das mich viele Frauen beneiden. Einen Wuschelkopf. Ich bin knapp zwei Meter groß und habe eine Statur, an die sich jede Frau gerne anlehnen, ankuscheln und sich dort geborgen fühlen kann. Eine Beschützerstatur. Okay?

Okay. Und was trägst du?
Das weiße Hemd, das ist so meins. Ich trage eine Brille von Gucci, ein Seidentuch von Herr von Eden, schwarze, halbhohe Stiefel, schwarze Socken – ganz wichtig für mich – und eine viel zu kur-

ze Hose. Jeder sucht ja nach seinem eigenen Ich, schaut sich im Spiegel an. Ich glaube, man soll so sein, wie man halt ist. Ich muss nicht immer switchen, zum Beispiel jetzt auf diesen Indie-Zug aufspringen, enge Röhrenjeans, Karohemd, Lederjacke zu tragen, und nächste Woche sind die Typen dann wieder in so einem New Wave Stil unterwegs und tragen alles ganz schrill. Das sind für mich Leute, die gar nicht bei sich selber sind.

Das Allerwichtigste sind für mich Ehrlichkeit und Aufrichtigkeit. Wenn ich mich im Spiegel anschaue und mir in die Augen gucke, dann sehe ich mich so, wie ich eigentlich bin. Es ist ganz selten, Menschen zu finden, die auch so sind. Wovor muss man denn eigentlich immer Angst haben? Du und ich, wir haben es doch so gut, wir sind gesund, reisen durch die Welt, lernen wunderbare Menschen kennen, machen das, was uns wirklich Spaß macht. Aber man versucht immer, alles schlechtzumachen, und sieht oft nur das Negative. Auch wenn wir vom Büro genervt sind und am Morgen denken, da muss ich schon wieder hin. Stattdessen sollte man aufstehen und tief durchatmen und dankbar sein, dass man gesund ist und Arbeit hat. Egal, wo wir sind, egal, ob wir jetzt hier in St. Pauli an der Elbe sitzen oder in Sansibar am Strand, wir bestimmen, ob wir glücklich sind. Wir bestimmen, ob wir Glück zulassen!

So ist es auch mit dem Erfolg. Es ist ja die Frage, wo Erfolg anfängt. Medialen Erfolg, den habe ich, klar, dass Magazine getitelt haben, dass ich Deutschlands erfolgreichster oder vielversprechendster Jungfotograf bin, das ist eine wunderbare Anerkennung, aber doch nicht alles im Leben! Im letzten Jahr habe ich so viele Glücksmomente gehabt, das haben viele in ihrem ganzen Leben nicht. Ich habe in jungen Jahren schon meinen Traum, meine Passion, gefunden: fotografieren. Ich kam in ganz viele Länder, habe mir einen Namen gemacht und konnte ganz vielen

Leuten von meinen Werten erzählen, die nach außen zu transportieren, das ist superschön gewesen. Aber es sind auch kleine Glücksmomente, die mich erfüllen, Trampolin zu springen, freihändig Fahrrad zu fahren, eine Rheinaue runterzufahren. Wenn Erwachsenwerden heißt, dass man nicht mehr träumen und mit einer Leichtigkeit durchs Leben gehen darf, will ich gar nicht erwachsen werden.

Später, in der Ausstellung, sieht man auf einer Videoinstallation Henning freihändig Fahrrad fahren und hört ihn in denselben Worten vom Glück erzählen.

Für mein neues Projekt, bei dem ich Festivalbesucher sich nackt in Herzform aufstellen und mit ihren Händen ein Herz bilden lasse und sie so fotografiere, bin ich mit Flyern rumgerannt und habe Leute gebeten, sich nackt auszuziehen. Auf dem Melt-Festival letztes Jahr gab es einen Flitzer, der hat sich einfach ausgezogen. Und alle Leute um ihn herum haben gelacht und gestrahlt, weil sich da jemand zeigt, wie er wirklich ist. Kleidung ist ja so eine Last. Wenn man die für einen Moment ablegen kann, das ist doch superschön. Einer fängt an, die anderen machen mit. Das ist, wie wenn man mit jemandem im Bett liegt und anfängt, Sachen zu machen ...

Ich bin schon noch der Henning wie vor ein paar Jahren. Leute in Berlin, die das vorzuweisen haben wie ich, mit dem Medialen, die würden sich voll was darauf einbilden. Und total arrogant sein. Ich hänge schon viel auf Festivals ab, auch in Clubs, größtenteils in Amsterdam und in Köln. Natürlich sind Leute neidisch, wenn man für sein Ticket nichts zahlen muss und die Musiker treffen kann. Aber ich bin kein besserer Mensch, weil ich Erfolg als Fotograf habe. Man beneidet mich um die Anerkennung, die ich erfahre, weil ich gerade Erfolg habe. Es geht im Leben immer um Anerkennung und Wertschätzung!

Wir laufen durch seine Ausstellung, Henning zeigt mir seine Bilder. Er hat Musiker aus dem Indie-Bereich fotografiert.

Beziehungen

Die Entwicklung eines Menschen hängt ganz stark mit der Kindheit zusammen. Ich zum Beispiel bin groß geworden mit ganz, ganz viel Liebe und einer gewissen Moral, die ich bis heute in mir habe. Leute, die weniger Liebe erfahren haben, gehen nicht so achtsam mit Wertschätzung um.

Was meinst du mit Moral?
Ich habe so viele Frauen kennengelernt. Und viele gehen nicht so wertvoll mit sich um, wie ich es mir eigentlich wünschen würde. Mit dem Respekt vor sich selber. Eine Frau imponiert mir dann, wenn sie sich selber etwas wert ist. Wenn sie selbstbewusst ist und sich nicht über irgendwelche sexuellen Dinge definieren muss. Ich habe viele Frauen kennengelernt, die denken, sie sind dann was wert, wenn sie mit einem Typen ins Bett gehen. Leute sagen mir immer, Mensch, Henning, fuck off, wenn die sich ficken lassen wollen, dann mach es doch einfach. Eine Frau, die sich ficken lässt und dann sagt: Boa, was ein Arsch, der hat mich nur benutzt, ist selbst schuld!

Ich finde es schade zu sehen, wenn gerade junge naive Mädels dann anfangen zu koksen. Ist man mit Koks cool, oder man kann nur mit Koks die Welt ertragen? Immer mehr, wilder, exzessiver – immer einen Kick draufsetzen, das macht irgendwann alles kaputt, weil man nicht mehr Herr seiner Sinne ist! Da bin ich ja komplett anders als die meisten in der Musikszene. Ich trinke kaum Alkohol, rauche nicht und nehme auch sonst nichts. Danach werde ich immer gefragt, auch wenn ich mit Bands auf Tour bin. Da gehen ja immer Typen rum, mit Drogen, kannst ja alles haben.

Es gibt auch Bereiche, in denen junge Mädchen sind, von den Sponsoren eingeladen, die sind da, falls die Musiker Lust haben, eine Nummer zu schieben. Als Fotograf bekomme ich teilweise noch mehr Angebote als die Musiker, weil die denken, ich kann sie groß rausbringen. Viele träumen ja davon, selber groß rauszukommen und bekannt zu werden. Wie viele mich auch nach dem neuesten Projekt angeschrieben oder angerufen haben: «Hast du nicht Lust, noch privat Nacktfotos zu machen?» Das ist dann halt auch langweilig. Ich will als Mensch verstanden werden!

Ich glaube, jede Frau mag im Prinzip den gleichen Typ Mann: Der schon so ein gewisses Verständnis hat, an den sie sich anlehnen kann, jemand, der unabhängig ist und eine gewisse Sicherheit gibt. Ich bin mit so vielen Mädchen zusammen gewesen, die nicht damit klargekommen sind, dass ich ein selbstbewusster Typ bin und nicht versteh, warum man Ängste haben muss. Man muss sich so akzeptieren, wie man ist. Warum muss man sich immer mit anderen Leuten vergleichen? Es ist doch egal, ob man einen kleinen Schwanz oder einen großen Busen hat.

Frauen, die wirklich superschön sind, eigentlich makellos, die sich aber trotzdem schlechtmachen – das verstehe ich einfach nicht. Für viele Frauen geht es beim Sex nicht um die Nähe, sondern darum, beim Fick für sich selber 'ne Wertschätzung zu erfahren: Ich unterwerfe mich dem Typen, das macht den bestimmt geil, wenn er mit mir machen kann, was er will. Je härter und wilder er ist, desto mehr Mann ist er. Das finde ich nicht so geil. Ich finde es reizvoll, wenn eine Frau nicht so schnell zu haben und sich etwas wert ist. Ich gehe nur mit einer Frau ins Bett, die es schafft, meinen Kopf zu ficken.

Mir ist es wichtig, dass eine Frau gefestigt ist und weiß, was sie tut. Dass sie sich für die Beziehung entscheidet und nicht immer so hin- und hergerissen ist, einen Tag das will und den nächsten was anderes. Sondern klare Ansagen macht. Aber wenn es eine rein sexuelle Geschichte ist, fühlen sich die meisten doch in ihrem Inneren nicht verstanden.

Ich habe es schon oft erlebt, dass Frauen es spannend fanden, wenn ich mehrere Sachen gleichzeitig laufen hatte. Kann ich verstehen, dass das spannend ist, wenn eine denkt: Wow, er hat so viele, aber jetzt interessiert er sich für mich. Aber wenn eine ehrlich ist, sollte Sexualität etwas sein, das man nur mit einem Menschen teilt. Das ist viel schöner als die Vorstellung, heute geht er mit der ins Bett, und morgen fickt er eine andere. Wo ist denn da noch das Besondere, das Magische, zwischen zwei Menschen? Monogamie ist eine Illusion, das weiß ich selbst. Ich glaube natürlich auch nicht, dass ich, wenn ich 30 Jahre lang mit einer Frau zusammen bin, nie andere Gelüste und Gedanken verspüren werde. Begierde und auch Fremdgehen fangen in den Gedanken an! Man kann sich Treue nur wünschen und erhoffen.

Frauen wollen einen Typen, der schon so ein bisschen Schuft ist, um den sie kämpfen können. Die wollen die Angst haben, ob er sie morgen auch noch fickt oder sie fallenlässt. Aber wenn sie das Gefühl kriegen, mehr wert zu sein als eine Fickgeschichte, können sie damit nicht umgehen und sind überfordert. Sie fühlen sich dann bedrängt. Eine Frau möchte nicht viel nachdenken. Eine Frau hat keinen Bock auf einen Typen, der viel redet, der viel analysiert. Sie möchte einen willensstarken Mann, der sich das nimmt, was er will.

«Ich bin nicht so ein Mädchenmädchen. Aber ich shoppe gerne.»

Franziska

25

Berlin

studiert Gesellschafts- und Wirtschaftskommunikation im 6. Semester

Franziska hat in einer Werbeagentur in der Nähe von Frankfurt eine Ausbildung zur Werbekauffrau gemacht und danach angefangen zu studieren. Bevor sie ihre Abschlussarbeit schreibt, geht sie jetzt für zehn Monate nach Barcelona. Dort will sie herausfinden, was sie nach dem Studium machen möchte. Als wir uns an einem Dienstag treffen, ist sie noch ganz erschöpft vom Wochenende. Auf meine Fragen antwortet sie, ohne lange zu überlegen.

Dadurch, dass man *so* viele verschiedene Möglichkeiten hat, ist es ist natürlich irgendwie schwierig, die richtige Entscheidung zu treffen. Ich hab letztens so eine Frau im Café kennengelernt, eine Hellseherin, und sie hat mich gefragt, in welchem Bereich ich mich – wenn ich mir finanziell gar keine Gedanken machen müsste – selbständig machen würde.

Ich meinte: «Oh, schwierige Frage! Vielleicht ein bisschen was Künstlerisches, Organisieren, ein gutes Drehbuch suchen und einen Regisseur und das so ein bisschen deichseln, so als Filmproduktion.» Aber so frei war ich nie an die Frage rangegangen, weil ich so ein Sicherheitsmensch bin. «Was willst du denn jetzt gerade in dem Moment machen?» Ich war so: hä?!

Das Letzte, was mich wirklich gefesselt hat, war mein Abschlussprojekt. Das war eine Kundenanalyse zu einem Hip-Hop-Online-Shop. Wir waren auf Konzerten, haben Interviews geführt und uns mit der Mode auseinandergesetzt. Zusätzlich kamen die ganze Strategie und verschiedene Theorieansätze. Die Aufgabe war so komplex, dass man sich richtig reingraben musste.

Seit das vorbei ist, habe ich sehr viel Zeit für mich, das musste ich erst mal wieder lernen. Ich finde es eigentlich gut, Zeit für sich zu haben, damit man mal wieder über ein paar Dinge nachdenkt. Aber ich muss aufpassen, weil ich da schnell in einen Strudel komme und mich nach unten ziehe. Ich hatte richtig bisschen Angst davor, als das Projekt fertig war, und ich bin froh, dass ich jetzt nach Barcelona gehe und es dann wieder weitergeht. Ich hab angefangen, morgens und abends Sport zu machen, weil ich ja sonst momentan gar keine Tagesstruktur hab. An manchen Tagen bin ich dreimal am Tag Kaffee trinken gegangen. Oder habe schon morgens den Fernseher angemacht und mich ganz blöd beschallen lassen, von irgendwelchen stupiden Sachen.

Tagesprotokoll Freitag, 23. 07., Semesterferien	
10.30	aufgestanden Mit Tee und Kaffee (mit Sojamilch und Zimt) ins Bett
10:45	TV an und Laptop auf'm Schoß E-Mails gecheckt, Facebook und Spiegel Online
11.00	Sport (Stabilisationsübungen auf dem Boden)
11.30	Duschen, Rasieren, Eincremen, Anziehen und Zähne putzen
12.00	Waschmaschine anstellen und los Freundin an der U-Eisenacher abholen Zum Café M laufen

12.15	einen Milchkaffee getrunken und eine Zigarette geraucht, mit Steffi gequatscht
13.00	zum Tattoostudio laufen und Steffi beratend zur Seite stehen
13.20	zurück nach Hause auf dem Weg ein Brötchen geholt
13.30	Brötchen gegessen und kalten Tee getrunken nochmal Zähne putzen
13.45	rauf aufs Fahrrad und zum Zahnarzt
14.00	Zahnreinigung und einmal durchschaun
15.00	fertig mit Zahnreinigung
15.15	deprimiert kurz mit meinem Bruder telefoniert
15.30	wieder zu Hause in der Küche eine geraucht mit Mama telefoniert. Mein «Leid» geklagt Internet. Kurz Facebook, E-Mails und nach günstigen Trekkingrucksäcken geschaut
16.00	Hunger. Himbeeren, Mango und Nektarine mit Hüttenkäse und ein Knäckebrot gegessen
16.30	Zimmer und Küche aufräumen Wäsche ab-, aufhängen und wegräumen
17.00	Auslandsbafög-Sachen erledigen
17.15	eine rauchen und ein bisschen lesen
17.45	Bus Richtung Südkreuz nehmen
18.00	Südkreuz – Ricarda abholen
18.15	mit Ricarda auf dem Weg nach Hause
18.30	Café im Golzo (Sarah besuchen)
19.30	Essen beim Inder
21.30	Kleidung der Mitbewohnerin durchforsten, die sie für den Flohmarkt aussortiert hat
22.00	Telefonate mit diversen Leuten für die Abendplanung Aufhübschen – Kleidung/Schminke
22.30	los geht's Geburtstag in Friedrichshain U-Nollendorfplatz: Noch schnell zu Kaisers und 'ne Flasche Sekt kaufen und ein Getränk für die Fahrt

23.15	Ankunft auf dem Geburtstag Geschenk übergeben, gratulieren, in der Küche allen Hallo sagen und ein Glas Prosecco holen (Alkoholausstattung ist ziemlich mies)
23.30	im Wohnzimmer die restlichen Leuten begrüßen und quatschen
00.30	Party ist ziemlich lahm, gibt nur noch Bier, und ich hab heute keine Lust auf Bier – also Wasser
01.00	eher eine Stehparty – keine Stimmung
01.30	Initiative ergreifen – Maria und Susi gehen zum Späti, um Nachschub zu kaufen der Öffner ist weg, und wir können leider keinen Prosecco trinken
02.00	Alex, Ben und Co. kommen – haben ganze drei Stunden für den Weg gebraucht und sind dementsprechend ziemlich betrunken
02.15	wir werden rausgeschmissen
02.30	alle versammeln sich langsam vor der Tür auf dem Weg zur Tram, um ins Rosis zu fahren kurzerhand entschieden, einen polnischen Abgang zu machen, da zu müde, zu wenig in Stimmung und nicht betrunken genug, unkluge Entscheidungen zu treffen
03.15	wieder zu Hause noch einen Tee trinken, eine rauchen
03.33	gute Nacht

Ausbildung

In der Agentur war es so: Wenn du nicht studiert hast, egal, was, kommst du über eine Teamassistenz nicht hinaus. Ich dachte eigentlich immer, ich wär nicht so der Studientyp, aber das hat sich als Fehleinschätzung herausgestellt. Ich studier sehr gerne.

Konntest du deine Seminare frei auswählen?

Nein, alles ist festgelegt. Das ist Bachelor, 'ne?! Neulich hatten wir mal eine Wahlmöglichkeit, da hab ich mir einen Animationsfilm ausgesucht. Sonst konnte man nur zwischen Seminaren wählen, die die gleiche Thematik etwas anders behandelt haben. Aber da man nie genau wusste, was das ist, bin ich einfach da hin, wo Freunde hin sind.

Und dann war es immer so: Am Anfang werden Zweier- und Dreiergruppen für Referate gebildet und dann das ganze Semester über Referate gehalten.

Nur im künstlerisch-praktischen Bereich gab es größere Aufgaben. Wir haben ein Werbebuch gemacht, einen kleinen Kurzfilm gedreht, Sachen vertont.

Im ersten Semester hatte ich 40 Wochenstunden, dann immer so 20 bis 30, mit Anwesenheitspflicht. Nebenher mussten wir Referate und ziemlich viele Haus- und Seminararbeiten machen und dann noch diese ganzen Filmfächer, die sind sehr aufwendig. In den Semesterferien hatte ich darum immer nur eine Woche frei.

Ich glaube, dass der Studiengang als Diplom eher meinen Erwartungen entsprochen hätte. Weil man da noch Hauptfächer wählen konnte und ein Interessensgebiet aufbauen; das war bei uns nicht möglich. Ich fand zum Beispiel Audiovisuelle Kommunikation am interessantesten, da hätte ich freiwillig zusätzliche Kurse belegen können, aber dafür hatte ich keine Zeit, weil ich nebenher noch gearbeitet habe.

Das liegt vielleicht gar nicht nur am Studium, aber Leute, die in dem Ort geblieben sind, wo ich aufgewachsen bin, behandeln mich jetzt anders. Irgendwie bewundern sie es, dass man alles hinter sich lässt und so komplett neu anfängt. Ich fühl mich schon ..., na, intellektuell überlegen ist das falsche Wort, aber 'nem Azubi gegenüber irgendwie ein bisschen weiter oder tiefer, schon ein bisschen überlegen.

Kannst du deinen Körper beschreiben?

Ich bin 1,78 Meter groß ... Als Frau kann man immer ein bisschen weniger haben. Aber alles in allem ist es mein Körper, und ich akzeptier ihn so. Wie drückt man das denn immer aus? ... Natürlich wär ich manchmal gern ein bisschen kleiner und schmaler, aber im Endeffekt bin ich so, wie ich bin, auch nur geworden, weil ich so aussehe, deswegen würde ich schon sagen, dass ich zu meinem Körper stehe. Man hat ja schon lang genug damit zu tun.

Was bedeutet Weiblichkeit für dich?

Dass man sich sehr herausputzt und sich sehr über sein Äußerliches Gedanken macht. Dass man feinfühlig ist und sich um den anderen sorgt, also dieser Mutterinstinkt, dass man emotional ist, sensibel ... und Torschlusspanik. Viele Frauen haben Angst, alleine zu sein.

Mir fällt aber gerade keine Person ein, die Weiblichkeit verkörpert. Wenn, würde ich auch eher nicht in der heutigen Zeit danach suchen, sondern früher.

Findest du dich weiblich?

Nein. Ich hab mit Sicherheit weibliche Züge, aber nicht so sehr. Ich bin nicht so ein Mädchenmädchen. Aber ich shoppe gerne. Ich gönne mir was mit dem Shoppen. Wenn ich mich nicht gut fühle, dann will ich mich besonders aufputzen. Beim Shoppen kümmert man sich um sich. Für niemand anderes machst du das, nur für dich. Mittlerweile hab ich's geschafft, nicht jeden Scheiß zu kaufen, und wenn ich was nicht brauch, dann bring ich's zurück. Früher in der Werbeagentur war das ganz schlimm, da hab ich immer alles farblich aufeinander abgestimmt, inklusive passender Schuhe zu jedem einzelnen Outfit. Nicht mal zum Sport bin ich ungeschminkt gegangen. Schuhe hab ich noch sehr viele. Aber ich zieh immer die gleichen an, vielleicht so zehn Paar, ich finde, das geht noch. Manchmal geh ich abends genau so raus, wie ich schon den ganzen Tag unterwegs war, manchmal hab ich Lust, mich 'ne Stunde hübsch zu machen, mit Wein und Musik. Oft mach ich das, weil ich keine Lust habe wegzugehen und total müde bin und weiß, ich muss jetzt da hin ... und das hilft.

Geld

«Ich möchte mein Leben jetzt genießen und nicht jeden Cent dreimal umdrehen. Durch mein Studium hoffe ich, dass ich mal einen besseren Job bekomm, sodass ich dann den Bildungskredit zurückzahlen kann.»

Einnahmen (insgesamt 1100 Euro)

- *Bildungskredit:* 500 Euro
- *Job (Tutorin an der Uni/Hilfskraft für Professorin), 10 Stunden/Woche):* 400 Euro
- *Eltern (Hälfte von der Mutter/Hälfte vom Vater):* 100–200 Euro

Ausgaben

- *Miete:* 260 Euro
- *Handyvertrag:* 40 Euro
- *Essen:*

«Ich hab null Plan, wie viel ich für Essen ausgebe. Ich geh ja nicht wie Mama einmal die Woche groß einkaufen. Ich hol mir viel auf die Hand: Falafel, Inder, Stück Pizza, und ich geb unglaublich viel Geld für Kaffee aus, to go, auch zum Frühstück hol ich mir oft einfach unterwegs was beim Bäcker, 'ne Müslistange, ein belegtes Brötchen, Obstsalat.»

- *Zigaretten:* 40 Euro
- *Kleidung:* 100 Euro «auf jeden Fall»
- *Fitnessstudio:* 35 Euro

– *Weggehen:* «Das ist ganz schlimm viel, glaub ich. Ich überschlag jetzt mal: Gehst zweimal die Woche was trinken, da gibste ’nen Zehner aus und dann noch zweimal am Wochenende, … ich würde fast sagen, 200 Euro im Monat mindestens.»

– *Sparen für Barcelona:* 200 Euro im Monat

«Meine Aufgaben? Tja ... rumstehen»

Serkan
25
Berlin
arbeitet in einer 24-Stunden-Bar

Alles ist leer. Nur ein Mann steht einsam in der Ecke. Die Spielautomaten piepsen leise.

Es ist gerade zehn vor eins. Bisher habe ich nichts gemacht. Also ich hab Zeitungen durchgelesen. ‹Bild›, ‹Kurier›, ‹B. Z.› Die ham wir hier liegen. Wenn ich um elf Uhr abends komme, ist alles schon so da. Ich muss nichts vorbereiten. Ich stell mich hin und fertig. Zum Schluss muss ich saubermachen. Kaffeemaschine, Tresen, und so, das dauert, wenn ich gut drauf bin, eine Stunde höchstens. Damit fang ich so um sechs an, halb sieben. Ich krieg einen Stundenlohn von fünf Euro.

Geld
Einnahmen
Lohn: 400 Euro offiziell, der Rest schwarz, insgesamt ca. 800 bis 1000 Euro
Ausgaben
Miete: 207 Euro
Telefon: 18 Euro
Alles fürs Auto
Essen: 20–30 Euro bei Lidl für eine Woche, manchmal hält es auch für zwei

Bis vor kurzem hatte ich zwei Tage die Woche frei, momentan nur einen Tag – also eigentlich eine Nacht. Sonst bin ich jede Nacht hier. Acht Stunden. Meine Aufgaben? Tja ... rumstehen! Is die größte Aufgabe. Es kommen nicht viele, vielleicht zehn Leute pro Nacht. Manchmal kommt auch keiner.

Man hört Schreie von der Straße

Wenn keiner da ist, geh ich halt mal raus, vor die Tür. Ich hab hier auch Freunde, die ich mal kurz besuche. Nebenan is das Internetcafé, der, der da arbeitet, is 'n Kumpel von mir, der im Zeitungsladen is auch 'n Kumpel. Manchmal spielen wir Fußball auf der Straße. Ich bin jetzt fast ein Jahr hier ... Is eigentlich immer das Gleiche. Sommer, Winter, egal.

Ab und zu denk ich auch, wenn ich hier stehe ... Ja, eigentlich denk ich sehr viel an die Zukunft. Sorgen hat man natürlich immer ...

Familie, Job. Familie ist für mich wichtiger als alles andere. Als Erstes kommt meine Mutter. Dann natürlich meine Schwester. Frau. Kinder hab ich noch nicht. Momentan kann ich da nicht dran denken. Erst muss ich einen festen Job haben. Dann können wir das überlegen. Also mein Schlafrhythmus is schon durcheinander. Meistens geh ich so gegen zwölf Uhr ins Bett, so um 18, 19 Uhr steh ich auf, und dann bin ich nur noch zu Hause.

Zwei Jungs kommen rein

Hi, Jungs!

Gestern hatte ich frei, da hab ich 15 Stunden geschlafen. Mittags bin ich ins Bett gegangen, abends war ich mal kurz wach, dann bin ich nochmal eingepennt.

Sie bestellen Bier.

Vom Fass?
Die Jungs: Becks.

Dann war ich gegen fünf Uhr morgens wach ... und bin wach geblieben.

Was ich dann mach? Ich kümmer mich um die Katze. Die ist jetzt zwei Monate alt. Am Anfang hieß die Cadillac, wir dachten, dass sie ein Kater wäre, dann ham wir erfahren, dass sie 'ne Dame is. Jetzt heißt sie Missy. Die is schon süß.

Wenn ich mal nicht arbeite, dauert es zwei, drei Tage, bis mein Rhythmus so ist wie der von anderen.

Hast du eine Uhrzeit, zu der du richtig wach bist?
Also meistens, wenn Mel nach Hause kommt *(lacht)*, so um 18.30 Uhr, 19 Uhr. Da macht sie so 'nen Krach.

Da musst du aufstehen.
Ja, leider. Es gibt keine Uhrzeit, zu der ich fit bin. Das war früher anders. Früher bin ich spätestens um drei Uhr nachts ins Bett gegangen, und dann war ich um zehn wieder wach und auch fit. Da hab ich alleine in einem Imbiss hinterm Tresen gestanden, aber um zwei hatte ich Feierabend. Ja. Mel und ich sehen uns drei Stunden am Abend, von 19 bis 22 Uhr. Dann muss ich zur Arbeit.

Man merkt schon die Nachtschicht. Ich habe irgendwie keine Lust mehr auf gar nichts. Ich will gar nicht rausgehen. Man will nichts. Ich weiß nicht, das private Leben ist zerstört. Ich hab gar keinen Kontakt mehr zu meinen Freunden. Nur noch durch Facebook.

Ich würde schon lieber was anderes machen. Am Anfang

wollte ich Taxifahrer werden. Dann hab ich überlegt, LKW is eigentlich besser. Erstens, da hast du einen festen Lohn ... Und zweitens, ich mag LKWs. Da kommt man schneller ans Geld ran. Mir bleibt eigentlich nicht viel übrig. Entweder ich bleib im Service-Bereich als Kellner, oder ich mach meinen Führerschein.

Der Imbiss an der Ecke, der gehört auch unserem Chef, da kann ich essen, umsonst und was ich will. Pizza, Döner, Nudeln. Wenn ich großen Hunger habe, ess ich gleich, wenn ich anfange. Wenn nicht, dann nachts irgendwann. Ich hab keine feste Zeit.

Als meine Mutter noch hier war, hab ich immer bei ihr gegessen. Also kurz nach meinem Feierabend hat sie Frühstück gemacht. Da hab ich schön gegessen, ja.

Aber sie ist nicht mehr da. Nachdem mein Vater gestorben ist, ist sie in die Türkei zurück, da kann sich meine Schwester um sie kümmern. Seitdem ess ich unregelmäßig. Zu Hause, meistens Toast.

Mein Vater war seit 1971 in Berlin und hat als Gärtner beim Bezirksamt Neukölln gearbeitet, über 35 Jahre. Am Anfang hat er mit drei Freunden in einer WG gewohnt. Erst mal waren diese ausländischen Arbeitskräfte als Gastarbeiter ja herzlich willkommen. Die hatten auch vor, nach ein paar Jahren wieder zurückzukehren. Hat aber nicht geklappt. Dann haben die ihre Frauen hergeholt, auch ihre Kinder, es ist ja schwer ohne Lebenspartner. Vor allem für die Männer, die hier wie ledig leben, obwohl sie verheiratet sind.

Ich hab zu der Zeit mit meiner Mutter, meiner Schwester und der ersten Frau von meinem Vater zusammengelebt. In einem kleinen Ort nahe der Stadt Aksaray, in der Mitte von der Türkei. Wir hatten ein eigenes Haus, und ich kannte jeden. Dann hat mein Vater meine Mutter zu sich geholt, vor sieben Jahren bin ich dann nachgekommen. Sie waren ja auch alt und hatten niemanden.

Ich bin damals als ausländischer Student gekommen. Ich hatte in der Türkei schon angefangen zu studieren, BWL, und für Familienzusammenführung war ich zu alt, das geht nur bis 16.

Ich hab bei meinen Eltern gewohnt, im Wohnzimmer, auf der Couch, wir hatten insgesamt eineinhalb Zimmer, 40 qm. Am Anfang hab ich Deutsch gelernt, ein Jahr lang, und dann hab ich mich an Unis beworben. Ich musste ein Studienkolleg machen, sechs Monate, das ist ein Vorbereitungskurs speziell für Ausländer.

Im Hintergrund rasselt Geld aus dem Spielautomaten.

Danach konnte ich in Rostock anfangen, und ich hab dort im Studentenwohnheim gelebt.

Ein Jahr später waren meine Eltern und ich im Urlaub in der Türkei, und als wir wieder in Berlin gelandet sind, hat mein Vater am Flughafen Schönefeld einen Herzinfarkt gekriegt. Er war ab da viel im Krankenhaus. Ich bin dann gar nicht mehr nach Rostock zurück. Ich hab mir dann einen Job gesucht, in einer Kneipe. Aber oft bin ich nicht zur Arbeit, weil ich mich um meinen Vater kümmern wollte. Als er ein künstliches Herz gekriegt hat, lag er fast zwei Wochen im Koma. Und danach drei Monate lang im Krankenhaus, da haben meine Mutter und ich ihn jeden Tag besucht und gepflegt. Danach musste er in Rente gehen. Und ich bin bei meinen Eltern geblieben und hab gearbeitet.

Mel und ich, wir ham uns in der Kneipe kennengelernt, in der ich gearbeitet hab. Am ersten Tag. Seitdem sind wir zusammen. Meine Mutter mag Mel auch. Mit Körpersprache, nicken und streicheln und so, unterhalten die sich. Mels Eltern waren am Anfang komisch. Mel hat mir erzählt, dass ihr Vater Vorurteile hat, gegenüber Ausländern, Türken. Aber die haben einfach nur gar nichts gesagt. Das war's. Na ja, ich hab mich auch nicht richtig vorgestellt. Als sie mich das erste Mal gesehen haben, ham sie uns erwischt, zu Hause *(lacht)*. Ich war bei Mel, bei ihren Eltern. Ja ... ich hab's dann nicht rechtzeitig geschafft rauszukommen, aus der Wohnung. Aber seit sie mich besser kennen, ist es o. k. Es sind sehr sympathische Menschen, vor allem die Großeltern.

Die Deutschen sind sehr offen, für alles *(lacht)*. Zum Beispiel meine Schwiegereltern, die sind Mitglieder von FKK. Am Strand, freie Körper ...

Aber was ich nicht in Ordnung finde: Wir waren mal bei denen zu Besuch, und dann hat die Mutter alles alleine gemacht. Essen vorbereiten und so ... bei uns ist es eigentlich so, dass die Kinder auch der Mutter im Haushalt helfen müssen. Mel hat das nicht gemacht. Da wollte ich schon helfen, aber dann hab ich gedacht: Mel ist eigentlich die Tochter, die muss das machen.

Dann hat meine Mutter mal bei uns Geschirr abgewaschen, da war Mel irgendwie sauer, weil sie meinte: «Ah! Das is meine eigene Küche!» Ich hab gesagt: «Ja, aber wenn deine eigene Küche dreckig is ...»

Was hat dir an Mel gefallen, als du sie kennengelernt hast?
Sie war ehrlich, das hat mir gefallen.

Wie hast du das gemerkt?
Durch den Bekannten, der mich da eingestellt hat. Für den ich am Anfang die Vertretung gemacht hab. Der kannte sie schon, der hat mir das erzählt, und dann war sie das auch.

Wie hast du eure Trauung empfunden?
Also in dem Moment denkt man gar nicht so viel nach. War

schön. Ich hab mich irgendwie wie in der Kirche gefühlt. Die Umgebung, das Innere vom Standesamt, sah so aus. Blumen, die Fensterscheiben, das war ein ganz altes Haus. Wir ham das so geplant, dass wir ganz alleine hingehen. Ihre Eltern kamen, weil sie am Anfang dagegen waren. Sie wollten eigentlich nicht kommen, dann waren sie doch da.

Stellst du dir deine Zukunft in Deutschland vor?

Eigentlich is es mir egal. Hauptsache, ich hab meinen Job und meine Ruhe. Das nächste Ziel ist ein besserer Job. Egal, ob LKW oder Bus oder Flugzeug ...

Dank

Wir danken denen, die uns beim Recherchieren, Kontakte suchen und Texten geholfen haben, mit uns über das Thema oder einzelne Aspekte diskutierten und uns mit Rat zur Seite standen.

Allen vorneweg unserer Lektorin Marie Helena Harder, die den Anstoß zu diesem Buch gab.

Auch danken wir denen, die in der ganzen Zeit des Reisens, Denkens und Schreibens immer für uns da waren.

Vor allem aber danken wir den jungen Frauen und Männern, die ihre anfänglichen Bedenken beiseitegeschoben haben und uns in ihren Alltag mitgenommen, von ihrem Leben und Denken erzählt und einen Teil von sich gezeigt haben.

Dieses Buch ist für Euch.